STERNSTUNDEN
DES SPORTS

Wimbledon

Tom Bender und Ulrich Kühne-Hellmessen (Hrsg.)

Gastautor: Nicolas Kiefer

Mit Beiträgen von Tina Schlosser, Tom Bartels, Sigrid Holtkamp

Fotos von dpa Sportreport

Sportverlag Berlin

Besuchen Sie uns
im Internet:
www.sportverlag-
berlin.de

© 2001 by Sportverlag Berlin
in der Econ Ullstein List Verlag GmbH & Co KG, München

Titelkonzeption: B & K pro media, Hamburg
Redaktionelle Mitarbeit: Claudia Hain, Katharina Kreke
Lektorat und Bildredaktion: Freia Beisser, Harro Schweizer, Berlin
Umschlaggestaltung: Volkmar Schwengle, Buch und Werbung, Berlin,
unter Verwendung eines Fotos von dpa Sportreport
Sponsoring: DMC Sport, Hamburg
Statistische Daten: Sports-Data, Berlin
Layout und Herstellung: Prill Partners|producing, Berlin
Repro-Arbeiten: tiff.any, Digitale Medienproduktions und –service GmbH, Berlin
Druck und Bindung: Westermann Druck Zwickau

Printed in Germany 2001

ISBN 3-328-00912-4

Dank des Teams an: Silke Brem, Steffi Riedel, Siegfried Daut, Wolfgang Flemming

Inhalt

NICOLAS KIEFER

In Wimbledon reduziert sich alles auf das Wesentliche

Das ist Nicolas Kiefer

**Geboren am 5. Juli 1977 in Sievershausen, ledig. Abitur 1997, seit 2001 Fernstudium zum Sportmanager.
Deutscher Jugendmeister 1993, Sieger Junioren Australian Open und US Open 1995, ATP-Siege in Toulouse 1997, Tokio, Halle, Taschkent (alle 1999) sowie Dubai und Hongkong 2000.
Bisher beste Position in der Weltrangliste: Nr. 4 im Februar 2000.**

Wimbledon – das ist mehr als ein Tennisturnier. Wimbledon – das ist eine heilige Sportstätte. Hier werden Legenden geboren. Hier werden Helden und Versager gemacht. Wer es hier schafft, der schafft es überall. Für jeden Tennisspieler ist es das größte Ziel, hier einmal zu gewinnen. Denn Wimbledon-Sieger werden nie vergessen. Es sind Siege für die Ewigkeit.

Jedesmal wenn ich die Anlage an der Church Road betrete, spüre ich dieses Kribbeln im ganzen Körper. Es ist unter vielen Spielern verbreitet, während der Vorbereitung auf das Turnier einmal auf den Centre Court zu schleichen und ganz allein auf der Tribüne Platz zu nehmen. Ein paar Tauben sitzen immer auf dem tief hängenden Dach. Wenn ich dort sitze, auf das satte Grün schaue, dann erwacht der Centre Court zum Leben. Ich schließe die Augen, ich höre die Zuschauer, ich höre die Schiedsrichterstimme: »Game, Set and Match Becker.«

Boris Becker hat Wimbledon für Deutschland entdeckt. In jenem Jahr 1985 hat er Sportgeschichte geschrieben. Ich hatte damals gerade meinen achten Geburtstag gefeiert und saß vor dem Fernseher wie Millionen andere Deutsche. Ich fieberte mit Boris, ich jubelte mit ihm. Von dem Match habe ich ehrlich gesagt nicht so viel in Erinnerung behalten. Aber ich weiß, dass mich dieser Becker-Hecht sehr beeindruckt hat. Und der Matchball geht mir auch nicht aus dem Kopf: Dieser Aufschlag auf die Rückhand von Curren, vom Rahmen sprang der Ball dann in die Zuschauerränge, und Boris hat nur noch gejubelt.

Das konkrete Ziel, Tennisspieler zu werden, hatte ich damals noch nicht. Ich schaute mir natürlich auch die nächsten Wimbledon-Turniere an. Ganz bewusst erlebte ich das Finale 1991: Michael Stich gegen Boris Becker. Das fand ich einfach unglaublich! Zwei Deutsche im Wimbledon-Finale. Ich wusste gar nicht, wem ich die Daumen drücken sollte. Ich fühlte mich hin- und hergerissen. Am meisten bewunderte ich ihre Volleys, das waren die besten der Welt. In dem Jahr gewann Steffi Graf ja auch noch den Titel. Auf dem Centre Court wurde deutsch gesprochen. Das war ein wunderschönes Wochenende.

Immer wieder werde ich gefragt, was den besonderen Zauber von Wimbledon ausmacht. Schließlich sei dort doch alles so streng reglementiert. Aber genau das macht den Reiz aus! Wir Tennisspieler fliegen ja ständig um die Welt, sind von Woche zu Woche in einem anderen Hotel. Die ganze Welt wird immer greller, immer bunter. In Wimbledon reduziert sich das alles auf das Wesentliche: Tennis spielen und Tradition. Tennis gilt ja als die weiße Sportart – aber wer spielt denn heutzutage noch in Weiß? In Wimbledon tun das alle, weil es dort so erwartet wird. Auch wenn es teilweise vielleicht etwas kleinlich ist.

Im Jahr 2001 spielte ich im Achtelfinale gegen Andre Agassi. Von solchen Matches träumt jeder Spieler. Ich trainierte am Vormittag noch auf der Anlage. Mein Outfit: weißer Pulli, schwarze Shorts. Es dauerte keine zehn Minuten, da tauchte ein Offizier auf mit erhobenem Zeigefinger: »So dürfen Sie hier nicht trainieren.« Zum Glück hatte mein Coach noch eine weiße Hose dabei – auch wenn die vom Schnitt her eher an Björn Borg erinnerte. Aber so sind sie eben, die Engländer ...

Die Umkleidekabinen sind ganz klar aufgeteilt. Es gibt eine Kabine für die gesetzten und eine Kabine für die ungesetzten Spieler. Das war auch für mich ein tolles Gefühl, als ich 1999 bei meinem dritten Wimbledon-Start zum ersten Mal in die Kabine der wichtigen Spieler durfte. Man muss sich eben erst hocharbeiten.

Ich kann auch keinem Spieler empfehlen, in Wimbledon auf dem Platz zu fluchen. Während bei den US Open in New York jedes

Schimpfwort im Gedröhne der tief fliegenden Flugzeuge untergeht, wird hier alles ganz penibel registriert und bestraft. Das kann teuer werden.

Von meiner Viertelfinal-Teilnahme 1997 in Wimbledon habe ich übrigens mein ganzes Leben etwas. Denn damit gehöre ich zum »Club der letzten 8«. Für alle Mitglieder gibt es einen Extrabereich auf der Anlage, direkt bei Court 12. Das bedeutet, dass ich jedes Jahr Tickets für Wimbledon bekommen könnte. Das gibt es bei keinem anderen Turnier der Welt. Ich freue mich jetzt schon darauf, nach meiner Karriere mit meiner Familie als ganz normaler Tourist an diesen heiligen Ort zu fahren. Der Zauber wird mich garantiert sofort wieder einfangen, wenn ich die Anlage durch eines der Tore betrete. Wer einmal versucht hat, eine Eintrittskarte zu erhalten, ohne dafür eine Nacht vor der Anlage zu zelten, weiß, welches Privileg es ist, problemlos an Wimbledon-Tickets zu kommen. Diese

In Wimbledon 2001 kommt Nicolas Kiefer bis ins Achtelfinale.

Camper sind auch so ein Phänomen. Für jeden Tag werden je 500 Centre-Court-Karten und Tickets für den Court Nummer eins in den freien Verkauf gegeben. Dafür reisen die Fans schon am Vortag an und campieren vor der Anlage. Dieses Zeltlager ist kilometerlang. Auch hier ist alles streng reglementiert: Wer versucht, sich vorzudrängeln, hat ganz schlechte Karten – bei den anderen Fans, aber auch bei der Polizei. Wer sich korrekt anstellt, erlebt einen unvergesslichen Abend. Wenn man hier abends vorbeigeht, hört man die Fans Lieder singen, mit Bier anstoßen oder grillen. Es ist ein großes, friedliches Fest, bei dem sich Menschen aller Nationen verbrüdern. Auch das ist der Geist von Wimbledon. Die Fans in Wimbledon sind ganz unterschiedlich. Ich habe alle Facetten erlebt. Wenn ich auf einem kleinen Außenplatz spielte, herrschte eine ständige Unruhe. Die Zuschauer stehen direkt am Platz, einige telefonieren, andere trinken ihr Bier oder essen ihre Butterbrote. Die Fans müssen nicht auf die Seitenwechsel warten, um einen Platz zu bekommen. Es ist ein ständiges Kommen und Gehen. Wenn man sich als Spieler darauf vorher nicht einstellt, ist man schon verloren. Es kann einen verrückt machen. Trotzdem ist es fantastisch, dass alle Plätze immer voll sind, ganz egal, wer gegen wen spielt, ob es ein Doppel oder ein Einzel ist. Für uns Spieler ist das gerade am Anfang der Karriere eine tolle Sache, dass die Leistung so respektiert wird. Auf dem Centre Court herrscht zu Beginn eines Matches eine Atmosphäre wie in einer Kirche. Andächtig, ja fast ergriffen verfolgen die Zuschauer das Spiel, als wollten sie den heiligen Wimbledon-Geist nicht aufwecken. Erst nach und nach tauen sie auf, der Geräuschpegel schwillt von Spiel zu Spiel an, und wenn das Match an Dramatik gewinnt, lassen auch die Fans ihre Emotionen raus.

Mein erstes Spiel auf dem Centre Court war 1999 in der zweiten Runde. Mein Gegner hieß ausgerechnet Boris Becker. Sie können sich vielleicht vorstellen, was das für mich bedeutete. Der vielleicht berühmteste Sportler Deutschlands bei seinem letzten Wimbledon-Turnier in seinem so genannten Wohnzimmer – gegen mich, gegen Nicolas Kiefer. Ich bin ehrlich: Da hat die Welt nicht den wahren

Nicolas Kiefer gesehen! Meine Gedanken und meine Hoffnungen vor diesem Match haben mich umgehauen. Ich habe glatt gegen Boris Becker verloren. Zu keinem Zeitpunkt des Matches habe ich das gezeigt, was ich wirklich kann. Das hat mich nach dem Match unglaublich geärgert. Ich hatte mir doch so viel vorgenommen. Boris Becker bewegte sich auf dem Centre Court wirklich so, als wäre das sein Zuhause. Als Gegner fühlte man sich nur als Gast und wollte nichts kaputtmachen. Wenn Boris dann einmal ins Rollen kam, war alles zu spät. Die Zuschauer liebten ihn, feuerten ihn mit diesem unvergesslichen »Come on, Boris« an.

Trotzdem war diese Niederlage sehr wichtig für mich und meine Karriere. Diese Erfahrung, auf dem Centre Court gegen Becker zu spielen, kann mir niemand nehmen. Nur solche Erlebnisse prägen als Sportler wirklich. Und wissen Sie was? Nach dieser Wimbledon-Niederlage habe ich einen Siegeszug auf der Tennis-Tour gestartet und als erster deutscher Spieler nach Boris Becker und Michael Stich an der Tennis-WM teilgenommen. In meiner Heimatstadt Hannover kam ich damals ins Halbfinale – auch weil ich aus der Becker-Niederlage viel gelernt hatte.

Wenn man über das typische Wimbledon spricht, kommt man natürlich am Wetter nicht vorbei. Wie kann man ein Tennisturnier ausgerechnet im regnerischen England veranstalten, fragen sich sicherlich einige. Ich finde: Ein Wimbledon-Turnier ohne Regenpause ist kein Wimbledon-Turnier. Hier lernt man als Tennisspieler, sich zu gedulden. Anders als bei den Grand-Slam-Turnieren auf den Sandplätzen in Paris oder den Hartplätzen in New York und Melbourne gibt es in Wimbledon kein Spiel bei Nieselregen. Das Gras verwandelt sich beim ersten Regentropfen in eine tückische Rutschbahn. Allerdings darf der Stuhl-Schiedsrichter nicht von allein unterbrechen. Er bekommt einen Anruf aus der Wimbledon-Zentrale, die über den Abbruch entscheidet. Entweder wird auf allen Plätzen unterbrochen oder auf keinem. Das ist auch so eine Eigenart. Ja, die Regenpausen in Wimbledon – immer wieder fragen mich Freunde oder Journalisten: Was macht man in den Regenpausen? Denn wenn entschieden wird, abzubrechen und den Platz

mit einer Plane abzudecken, hat man mindestens dreißig Minuten Zeit. Die meisten Top-Spieler haben es gut. Sie wohnen ja nicht im offiziellen Spieler-Hotel in der Stadt, zu dem man mindestens vierzig Minuten unterwegs ist, sondern sie haben ein Haus ganz nah an der Anlage gemietet. Viele Einheimische nutzen das Turnier, um ihren Jahresurlaub zu verbringen. Sie haben keine Lust auf den ganzen Wirbel und wittern ein gutes Geschäft. Für ein geräumiges Haus verlangen sie für zwei Wochen etwa 20 000 Mark Miete und machen sich für das Geld eine schöne Zeit am Mittelmeer. Wer so ein Haus gemietet hat, geht bei starken Regenfällen einfach dorthin und entspannt in heimischer Atmosphäre. Ich habe mich auch früh dazu entschieden, seit 1998 handhabe ich das immer so. Meine Freundin, meine Eltern, mein Bruder, aber auch mein Trainer und mein Physiotherapeut wohnen mit im Haus. Das ist dann schon sehr angenehm, wenn ich für eine Massage nur ein Stockwerk höher gehen muss. Außerdem kommt es so während des Turniers zu ganz kuriosen Nachbarschaftsbeziehungen, zum Beispiel 2001: Unter unserer Tür war ein Brief durchgeschoben. Absender: Martina Navratilova! Sie schrieb, dass sie zwei Häuser weiter wohne und wir gerne noch zum Essen rüberkommen könnten. Außerdem wünschte sie mir viel Glück für mein Match gegen Andre Agassi. Ihr Rat: »Wenn du nicht weißt, was du auf dem Platz machen sollst – greife an!« Das hat mir im Zweifelsfall auch immer geholfen. Dieser Brief wird immer eine ganz besondere Bedeutung für mich haben. Bei Nieselregen bleibe ich in der Regel auf der Anlage. Entweder gehe ich in den Fitnessraum und halte meinen Körper zum Beispiel mit Radfahren auf Touren, oder ich esse eine Kleinigkeit im Spieler-Restaurant. Nudeln, Bananen, eben die typische Sportler-Nahrung.

Apropos Restaurant: Das ist auch so eine Sache in Wimbledon. Während sich bei den anderen Turnieren rund um die Welt alles immer ziemlich verläuft, ist es hier ganz anders. Nirgendwo sonst treffe ich abends während des Turniers so viele Spieler. Es gibt Klassiker wie den Italiener »San Lorenzo«. Hier geht Steffi Graf auch sehr gerne hin. Und es war auch Boris Beckers Stammrestaurant. Ich verbinde mit dem »San Lorenzo« die Erinnerung an einen ganz besonderen Abend. Das war 1995, ich war als Junior-Spieler in Wimbledon. Meine Karriere kam gerade ins Rollen, und ich rechnete mir wirklich Chancen aus, den Junioren-Titel zu gewinnen. Schließlich hatte ich vorher schon bei den Australian Open triumphiert und in Paris das Halbfinale erreicht. Tatsächlich schaffte ich es ins Finale gegen Olivier Mutis aus Frankreich. Das Match fand statt auf dem alten Court Nummer eins, der später abgerissen wurde. Dieser Platz galt ja als der »Hinterhof des Henkers«, hier verlor Becker auch ganz überraschend 1987 gegen Doohan.

Leider verlor ich das Finale und war ziemlich niedergeschlagen. Plötzlich stand Steffi Graf im Spielerbereich vor mir. Sie hatte gerade Arantxa Sanchez-Vicario in drei Sätzen niedergekämpft. Sie fragte mich tatsächlich, ob ich sie zu ihrer persönlichen Siegesfeier ins »San Lorenzo« begleiten möchte! Was für eine Frage: Natürlich wollte ich! Als sie mir dann abends auch noch anbot, mit zum offiziellen Champions-Dinner zu kommen, lehnte ich aber ab. Ich hatte ja überhaupt keine passende Kleidung dabei.

Sicherheitskontrollen gibt es auch, wenn man die Wimbledon-Anlage betreten will. Ich glaube, es ist die gründlichste Untersuchung der Welt. Auch wenn Spieler wie Andre Agassi oder Pete Sampras durch einen Nebeneingang kommen, werden sie ganz penibel gefilzt. Die Sicherheitskräfte durchsuchen jede Tennistasche so genau, als hätten sie einen Terroristen vor sich. Und wehe, man hat als Spieler seine Akkreditierung mit Foto und Namen nicht dabei. Da können die Damen und Herren schon ungemütlich werden.

Mit welchem Namen verbindet man Wimbledon? Die Älteren denken sicherlich an Gottfried von Cramm, der 1935 als erster Deutscher das Finale erreichte. Dann kam die Phase mit Rod Laver, Roy Emerson und John Newcombe, gefolgt von Jimmy Connors, Björn Borg und John McEnroe. Das war noch vor meiner Zeit, aber auf alten Videos habe ich mir einige Endspiele noch mal angeschaut.

Für mich ist Wimbledon wie eine Weltmeisterschaft – und ich verbinde dieses Turnier ganz eng mit Pete Sampras. Sampras ist für

1995 holt sich Nicolas Kiefer den begehrten Junioren-Titel bei den US Open.

mich der beste Wimbledon-Spieler aller Zeiten. Da ich Sampras ja selbst als Gegner erlebe, kann ich bestätigen, dass er perfekt zu Wimbledon passt. Eigentlich wäre er der perfekte Engländer. Ich glaube, man würde ihn hier wirklich gerne adoptieren. Er benimmt sich auf dem Platz nie daneben. Diese Etikette kommt hier sehr gut an. Pete ist der perfekte Gentleman. Diskussionen mit dem Schiedsrichter, mit den Fans oder etwa mit seinem Gegner gibt es bei ihm nicht. Ich bewundere seine Art der Selbstbeherrschung, die ihm trotzdem nichts von der Explosivität seines Spiels nimmt.

Ganz ehrlich: Einmal so wie Sampras in Wimbledon spielen, das würde ich schon gerne. Auch wenn ich für den traditionellen Tanz mit der Siegerin beim Champions-Dinner noch mal eine Tanzstunde nehmen müsste. Einfach einmal für zwei Wochen in seinen

Der beidhändige Return gehört zu seinen Stärken.

Körper schlüpfen: diese gefährlichen Aufschläge, diese Volleys, die er platziert, als hätte er ein Fadenkreuz an seinem Schläger montiert. Und diese Nervenstärke! Wer gegen Sampras auf Rasen spielt und in einen Tiebreak kommt, fängt automatisch an zu zittern. Dieses beunruhigende Gefühl kriecht in dir hoch: Sampras wird sich das nicht nehmen lassen.

Als er Wimbledon 2000 gegen den Australier Patrick Rafter gewann, war es sein 13. Grand-Slam-Triumph. Damit ist Sampras der erfolgreichste Spieler aller Zeiten. Er hat auf dem Centre Court geweint nach diesem Sieg. Ich war gerührt, als ich diese Szene gesehen habe. Und ich glaube nicht, dass er auch geweint hätte, wenn er in Australien, Paris oder New York den Rekord gebrochen hätte. Nein, das lag an der Atmosphäre von Wimbledon, von seinem Wimbledon. Der Spruch von Boris Becker ist absolut treffend. Er hat nach seinem Rücktritt 1999 gesagt: »Wimbledon war mein Wohnzimmer. Aber jetzt habe ich die Schlüssel an Sampras weitergegeben. Er bewohnt das ganze Haus.« Sampras ist für mich der König von Wimbledon. Und ich kann mir nicht vorstellen, dass irgendwann hier irgendjemand häufiger gewinnen wird, als er es getan hat.

Ach ja: Falls Sie in Ihrer Freizeit Golf spielen, würde ich Ihnen nicht raten, nach Wimbledon zu kommen. Es wird Ihnen das Herz zerreißen! Denn direkt neben der Anlage liegt der einzige Golfplatz von Wimbledon – und der wird während des Turniers zum Parkplatz umfunktioniert. Die Autos ramponieren alle Fairways ... Ich hoffe, Sie können das Wimbledon-Gefühl jetzt etwas besser nachempfinden. Vielleicht habe ich Ihnen ja so viel Lust machen können, dass Sie beim nächsten Turnier selbst dabei sind. Ich werde bis zum Ende meiner Karriere hier immer antreten. Denn für einen Tennisspieler gibt es nichts Schöneres auf der Welt.

16

6. Juli 1919

Suzanne Lenglen – Dorothy Lambert-Chambers
10:8 4:6 9:7

Wimbledon wird modisch

Als ihr Name das erste Mal in die Siegesschale von Wimbledon eingraviert wurde, war Suzanne Lenglen gerade 19 Jahre alt. Es war der 27. Eintrag nach Mrs. Watson – der ersten, legendären Wimbledonsiegerin von 1884. Kerzengerade und erhobenem Kopf betrat sie 1919 den Court – Suzanne Lenglen, die einzige Tennis-Diva der Geschichte.

Sie spielte in extravaganten Kostümen, mit denen Frauen Jahre später auf Partys Charleston tanzten, so auch in diesem Finale im Juli 1919, dem ersten nach dem Ersten Weltkrieg.

Sie kam mit einem knielangen Kleid, dass die Briten »frock« tauften, wobei ein Gürtel die Taille hielt. Lenglen trug es ohne Pettycoat und auch ohne Korsett, was zu jener Zeit einer modischen Revolution gleichkam. Darüber legte sie eine gewaltige Stola. Und während des Spiels schützte sie ein Leinenhut vor Wind und Regen.

Am interessantesten war ihr Gesicht, denn sie hatte sehr maskuline Züge, eine große Nase, von der sie mit rotem Lippenstift und Rouge abzulenken versuchte – etwas seltsam Anmutendes, aber auch sehr Harmonisches und Entschlossenes.

Genauso spielte sie auch Tennis. Ihre Gegnerin war immerhin die englische Titelverteidigerin Dorothy Lambert-Chambers. Beide hätten unterschiedlicher nicht sein können, denn mit ihren 41 Jahren war die Lady 22 Jahre älter als Lenglen.

Dorothy Lambert-Chambers trug einen knöchellangen Rock, praktisch und vor allem sehr brav. Schon 1903 gewann sie ihren ersten von sieben Einzel-Titeln. Die Briten hatten sich an ihre Siege

Mit der Eleganz einer Primaballerina tritt Suzanne Lenglen nicht nur in Wimbledon auf.

gewöhnt, doch nach den Vorrundenspielen Suzanne Lenglens schrieben die englischen Zeitungen, dass Dorothy Lambert-Chambers wohl keine Chance gegen die junge Französin haben würde.

So war die einzige Frage, die es zu beantworten galt, ob es ein langes oder ein kurzes Match werden würde. Es ging als längstes Frauenfinale in den Sportbüchern ein und hielt den Rekord 52 Jahre, wenn man von der Wartezeit aufgrund von Regen mal absieht.

Den Freitag verbrachten Dorothy Lambert-Chambers und Suzanne Lenglen ab 14.30 Uhr nervös wartend unter Schirmen. Ausreichend Zeit, um Suzanne Lenglen zu beobachten, denn sie war für die korrekten britischen Zuschauer nicht nur wegen ihrer äußeren Erscheinung so interessant, sie verkörperte auch das dekadente Leben reicher Familien in den zwanziger Jahren.

Ihr Vater Charles hatte sein geerbtes Fuhrunternehmen mit rund 800 Pferden verkauft und war dadurch ein wohlhabender Mann geworden. Im Sommer lebte die Familie in der französischen Picardie, die kalten Monate überwinterte man in Cannes. Dort brachte der Vater Suzanne das Tennisspielen bei, ihre Körperbeherrschung erarbeitete sie sich in abendlichen Ballettstunden. Er sagte immer: »Du bist etwas ganz Besonderes.«

Sie musste es irgendwann glauben, denn es kamen viele Menschen ihretwegen an den Tennisplatz, um sie beim Spiel zu studieren. Gerade während der bedrückenden Kriegszeit sorgte sie so für Zerstreuung.

Ihr Spiel wirkte effektiv, platziert, schnell und gleichzeitig sehr leicht. An jenem Regentag in Wimbledon bekam sie keine Gelegenheit mehr, das alles zu demonstrieren, denn das Finale wurde auf den Samstag verschoben.

Suzanne Lenglen beginnt mit dem ersten Aufschlag und gibt ihn zu null ab. Die Zuschauer raunen, doch sie fängt sich schnell und gewinnt die nächsten vier Spiele. Auch Dorothy Lambert-Chambers findet ihre Konzentration wieder, holt zum 5:5 auf und gewinnt auch das nächste Spiel zum 6:5, um kurze Zeit später beim Stand von 40:15 zum Satzball aufzuschlagen.

Ein vergebliches Unterfangen, weil Suzanne Lenglen an diesem

Laufsteg Wimbledon

Sommersprossen und Bräune waren damals undenkbar. Auch das Wort Schwitzen verspielte alle Hoffnungen auf Gesellschaftsfähigkeit. Heute unvorstellbar, aber so fing das Damentennis 1884 in Wimbledon an. Nur dreizehn Damen trauten sich auf den Rasen. Die erste Siegerin hieß Maud Watson, die ihre Schwester Lillian besiegte. Und schon zu dieser Zeit begann eines der wichtigsten Wimbledon-Themen: Was sollen die Damen bloß anziehen?

Um sich vor der Sonne zu schützen, spielten sie zunächst noch mit einem Schirm, um ihre Hände zu schonen, mit weißen Handschuhen. Strumpfhosen waren ein Muss, egal wie heiß es war. Offiziell hieß es von der Turnierleitung: »Sie müssten sich kleiden, als würden sie auf eine Gartenparty gehen.« Bis zum Ersten Weltkrieg galt, dass sich die Spielerinnen nach der aktuellen Sommermode richten mussten. Mit Suzanne Lenglen wurde die Ordnung erstmals und von da an für immer umgekehrt. Die erfolgreichsten Tennis-Stars bestimmten den

Trend. Lenglen brachte französische Extravaganz, ihre kalifornische Nachfolgerin Helen Will führte die sportliche Tennis-Uniform ein, und die Südafrikanerin Billy Tabscott schaffte die Strumpfhose ab. Die Amerikanerin Helen Jakobs trug sogar bereits Bermuda-Shorts. Bis heute wird dem Modebewusstsein einiger Tennis-Stars besondere Aufmerksamkeit gewidmet. Das einzige, das in Wimbledon immer Bestand hat, ist die Farbe Weiß.

Die Gegnerin 1919, Dorothy Lambert-Chambers

Tag die Aufschläge mit einer nie gesehenen Präzision passiert und mit 8:7 in Führung geht.

Gute Spieler wachsen an ihren Gegnern, was Dorothy Lambert-Chambers eindrucksvoll zeigt, als sie wieder gleichzieht. Suzanne Lenglen geht wieder in Führung, anschließend führt Dorothy Lambert-Chambers bei eigenem Aufschlag 40:15 und schlägt zum 9:9-Ausgleich auf, aber die Französin returniert unerreichbar und siegt im ersten Satz 10:8. Schon zu diesem Zeitpunkt hatte das Spiel ein Niveau, dass Damen nicht zugetraut wurde.

Heute undenkbar ist die Szene, die sich in der Pause abspielt: Zur Belebung der Kräfte reichte Vater Charles Lenglen seiner Tochter einen Cognac mit Zucker. Sie nippte und wirkte im zweiten Satz dennoch erschöpft.

Dorothy Lambert-Chambers überrascht Suzanne Lenglen mit cleveren Schlägen, setzt Stopps, spielt gegen ihre Laufrichtung und führt schnell 4:1. Suzanne Lenglen gelingt nur mit Mühe der Ausgleich. Dorothy Lambert-Chambers spürt ihre Chance, sammelt alle Kräfte und zieht 6:4 davon.

Im entscheidenden Satz wirken beide Damen erstmals sehr müde und die Zuschauer sorgen sich, ob die Kräfte reichen, um dieses Finale zu beenden. Doch wie falsch das Publikum mit dieser Sorge liegt, wird schnell klar. Eine neue Dimension des Damentennis wird an diesem Tag auf dem »heiligen Rasen« eingeleitet, ein sportlicheres mit einer ersten Spur von Athletik.

Suzanne Lenglen startet den dritten Satz mit einem Doppelfehler und gibt ihr Aufschlagspiel an Dorothy Lambert-Chambers ab, um sich dann ähnlich wie im ersten Satz die Führung zurückzuerobern – 3:1. Das nächste Spiel gewinnt sie ebenfalls nach langem Kampf, gönnt sich danach eine schwächere Phase, bringt Dorothy Lambert-Chambers so wieder ins Spiel und lässt sie gar mit 5:4 davonziehen.

Suzanne Lenglen erholt sich doch noch und kontert im nächsten Spiel eindrucksvoll ohne Punktverlust. Wenig später geht es in die entscheidende Phase, als Dorothy Lambert-Chambers 6:5 führt und beim Stand von 40:15 zum Matchball aufschlägt.

Ist sie verwirrt von dem emotionslosen Gesichtsausdruck ihrer Gegnerin? Denn die steht da, als wäre ihr die Bedeutung des Momentes nicht bewusst. Noch verwirrender ihr Lauf ans Netz, Dorothy Lambert-Chambers schickt ihr einen Lob zurück, Suzanne Lenglen erreicht gerade noch den Ball und platziert ihn kurz hinters Netz. Zu kurz für Dorothy Lambert-Chambers.

Den nächsten Matchball zieht Dorothy Lambert-Chambers mit der Vorhand ins Netz, doch ihre Kraftreserven sind jetzt verbraucht, und Suzanne Lenglen spielt den Vorteil der Jugend aus. 8:6 gewinnt sie am Ende im dritten Satz nach zwei Stunden und fünf Minuten. Erst Steffi Graf sollte 1991 diesen Zeitrekord beim 6:4, 3:6 und 8:6 gegen Gabriela Sabatini brechen.

Doch dieser Sieg des Jahres 1919 war auch in anderer Hinsicht von großer Bedeutung, war es doch die Ablösung der Ära Chambers und der Beginn vieler Erfolgsjahre von Suzanne Lenglen. Es folgten fünf weitere Triumphe auf englischem Rasen, dazu gewann sie siebenmal die französischen Meisterschaften.

Schon 1920 kam es in Wimbeldon übrigens zur Neuauflage des Spiels Suzanne Lenglen gegen Dorothy Lambert-Chambers. Für mehr Gespräch als das 6:3 und 6:0 sorgte erneut Suzanne Lenglens modischer Auftritt und ihre neue Interpretation einer Kopfbedeckung. Man könnte den halben Turban mit dem Stein in der Mitte die Urform des Stirnbands nennen.

Später führte sie das erste Seidenkleid ein, über das sie hüftlange Cardigans in den Farben ihres Haarbandes trug.

Suzanne Lenglen verkörperte die erste Form des weiblichen Tennis-Stars. Sie war erfolgreich, emanzipiert, reich. Die Männer und die kreative Szene der zwanziger und dreißiger Jahre fühlten sich zu der Französin hingezogen. Über ihrem Erfolg vergaß sie, wie sich Niederlagen anfühlten.

Als die Erfolge der sechs Jahre jüngeren Amerikanerin Helen Will nach Europa drangen, wurde Suzanne Lenglen nervös. Die Sport-Welt forderte den direkten Vergleich, der 1926 in Cannes stattfand. Suzanne Lenglen siegte 6:3 und 8:6, brach aber anschließend weinend zusammen. Der Gedanke, selbst »Opfer« einer jün-

Suzanne Lenglen in Wimbledon 1921, als sie zum dritten Mal in Folge gewinnt

Sechs Einzelsiege in Wimbledon gehen auf Lenglens Konto zwischen 1919 und 1926. Im Bild rechts spielt sie mit einer Doppel-Partnerin.

geren talentierteren Spielerin zu werden, belastete sie sehr. Als Suzanne Lenglen im selben Jahr wieder in Wimbledon im Finale stand, fehlte Will allerdings krankheitsbedingt.

Statt sich ihren siebten Titel zu sichern, provozierte die Französin ihre Disqualifikation, weil sie zu spät kam. Obwohl der Ausschluss wieder zurückgezogen wurde, verweigerte sie divenhaft gekränkt die Teilnahme im Einzel und stand nur noch für das Doppel bereit, dass sie verlor.

Danach verabschiedet sie sich vom Amateurstatus, unterschrieb einen Profi-Vertrag und tourte durch Nordamerika. Als sie auch dort wiederholt scheiterte, gründete sie eine Tennisschule in Paris. Sechs Wochen nach ihrem 39. Geburtstag starb Suzanne Lenglen vereinsamt.

Vergessen ist sie dennoch nicht. Denn sie hat nicht nur die anhaltende Siegesserie von Dorothy Lambert-Chambers beendet, sondern auch die Tennisbekleidung revolutioniert.

3. Juli 1936

Fred Perry – Gottfried von Cramm 6:1 6:1 6:0

Das wichtigste Denkmal

Die Tennisbälle waren damals noch schneeweiß, und die Spieler durften sogar Wetten auf ihre eigenen Siege abschließen. 1939 setzte beispielsweise der Amerikaner Bobby Riggs auf seinen eigenen Triumph und gewann so nicht nur der Pokal, sondern auch eine nette Wettprämie.

Das haben Fred Perry und Gottfried Freiherr von Cramm vor ihrem Finale 1936 zumindest nicht nachweislich getan, aber der Gedanke allein ist amüsant. Fred Perry hätte dreimal in seinen Triumph investieren können, aber er wurde auch so ein reicher und berühmter Mann und war zu Lebzeiten schon eine Legende.

Reich, weil er nach seinem letzten Sieg einen Profivertrag unterschrieb und eine eigene Hemdenkollektion mit dem bekannten Lorbeerkranz-Logo herausbrachte. Berühmt, weil er als erster Engländer, seit die englischen Meisterschaften 1910 auch für internationale Spieler zugelassen waren, dreimal in Folge gewonnen hatte.

In Wimbledon ist er sogar, mit jedem Jahr, in dem wieder einmal kein Engländer gewinnt, noch etwas legendärer. Denn auf der Insel wartet man jetzt schon über 64 Jahre auf einen Nachfolger.

Schon deshalb war Fred Perry bereits zu Lebzeiten eine echte Legende, zumal ihm der All England Lawn Club 1984 sogar ein Denkmal aufstellte: Fred Perry wurde in Bronze gegossen. Damals war er 75 Jahre, und er soll jedes Jahr bis zu seinem Tod 1994 den ordnungsgemäßen Zustand seines Ehrenmals kontrolliert haben, um dann mit ironischem Grinsen zu sagen: »Eigentlich sah ich doch noch viel hübscher aus ...«

Fred Perry im flotten Beinkleid 1936 (Ullstein Bilderdienst)

Heute noch grüßt Perry als Statue symbolisch jeden Besucher – in dynamischer Haltung, gebeugten Knien und mit dem Schläger in der Hand. So wie 1936, in seinem letzten Wimbledon-Finale, das eine wirkliche Sternstunde des Tennis sein sollte und noch heute in den Büchern als das schnellste der Geschichte geführt wird.

Gottfried von Cramm gratulierte ihm nach vierzig Minuten und einem Stand von 6:1, 6:1, 6:0. Schulter an Schulter gingen sie zum Schiedsrichter. Spott war aus den Reihen der 15 000 Zuschauer am Centre Court zu hören. Aber nur, weil die Zuschauer zu diesem Zeitpunkt nicht wussten, dass der deutsche Baron mit einer schweren Muskelzerrung im Oberschenkel gespielt und diese Verletzung über das ganze Spiel und darüber hinaus verschwiegen hatte.

Perry schlug ehrgeizig auf, er wollte seinen dritten Titel. Er hängte sich in jeden Volley, stieg wie ein Basketball-Spieler am Netz hoch und schlug den Ball mit Sicherheit und Präzision in die Ecke, in der von Cramm gerade nicht stand. Bereits nach wenigen Minuten lag der Deutsche mit 1:6 hinten.

Beim Seitenwechsel versuchte Perry in von Cramms Gesicht einen Hinweis zu finden, doch der lächelte ihm nur aufmunternd zu. Der zweite Satz war ein Abbild des ersten, denn bei den einzigen beiden Spiele, die Gottfried von Cramm gewann, half ihm Perry mit einem Doppelfehler.

1936 war eine ganze Reihe Sportler mit Muskelverletzungen vorzeitig ausgeschieden: der Brite Henry Austin, die amerikanische Nummer eins William Allison, Donald Budges Doppelpartner Gene Mako, der Argentinier Zappa sowie Jean Borotra, einer der vier Musketiere. Schuld war das kalte Regenwetter. Nur Gottfried von Cramm wollte es nicht zugeben. Deshalb gab er Perry beim erneuten Seitenwechsel wieder zu verstehen, dass alles in Ordnung sei.

Der dritte Satz endete damit, dass Gottfried von Cramm keinen einzigen Punkt mehr schaffte und den Satz zu null abgeben musste. Erst Stunden später gestand von Cramm: »Ich dachte nicht, dass mich die Verletzung so behindern würde. Aber wenn ich ehrlich bin, konnte ich nicht mehr nach den langen Bällen laufen und auch meine Hüfte nicht mehr richtig eindrehen.«

Freiherr in Gefangenschaft

Schon lange vor Boris Becker mischte ein Deutscher die Tennisszene auf: Gottfried Freiherr von Cramm war in der Vor-Becker-Ära der erfolgreichste deutsche Tennisspieler. Sein Pech aber war, dass er zum einen immer die entscheidenden Spiele verlor, wie 1936 im Davis Cup, damals im fünften und alles entscheidenden Satz mit 6:8 gegen Donald Budge. Zum anderen, weil seine Karriere in der Zeit des Nationalsozialismus begann. Warum der Freiherr letztendlich für 15 Monate im Gefängnis saß, wurde nie richtig geklärt. Es gibt vier Theorien, die erste, weil er nicht in die NSDAP eintrat, und die zweite, weil es Hitler nicht gefiel, dass ein Deutscher verlor, wenn die Welt auf ihn schaute.

Die dritte war ein relativ unpolitisches Devisenvergehen. Die vierte besagt, dass ihm ein Verhältnis zu einem Juden aus Palästina nachgesagt wurde, was damals bereits als strafbare Handlung gewertet wurde. Als er 1938 mit dem Schiff von den australischen Meisterschaften heimkehrte, empfing ihn die Gestapo im Hafen und nahm ihn fest. Nach seiner Freilassung wurde er für alle internationalen Wettbewerbe gesperrt. Der schwedische König Gustav V., ein Tennisfan, sorgte dafür, dass Gottfried von Cramm nach Schweden ausreisen durfte – 1942. Erst 1951 durfte er wieder für Deutschland im Davis Cup spielen. Von Cramm starb am 9. November 1976 im Alter von 67 Jahren bei einem Autounfall auf einer Wüstenstraße vor Kairo.

Die Zuschauer erfuhren es erst am nächsten Tag aus der Zeitung, und von da an galt von Cramm in England als der würdevollste Verlierer. Im englischen *Daily Telegraph* war zu lesen: »Er verbarg seine Schmerzen so lange, wie es menschlich möglich war, um Fred Perrys Erfolg nicht zu schmälern.«

Dabei war das zu diesem Zeitpunkt kaum noch möglich. Es war Perrys siebter Grand-Slam-Sieg und die Engländer feierten ihren Helden. Allerdings hielt Perrys Siegessträhne nicht mehr lange: nur noch bis zu seinem achten Grand-Slam-Erfolg bei den amerikanischen Meisterschaften, den späteren US Open.

Zum Entsetzen seiner einheimischen Fans unterschrieb Perry in den USA einen Profivertrag und verwirkte damit sein Recht auf die Teilnahme an den großen traditionellen Turnieren, den Grand Slams. England grollte, schmollte und lästerte. Wie konnte der einzige britische Wimbledon-Sieger auf weitere Erfolge verzichten und sich für Geld statt Ruhm entscheiden?

Perry bekam den nationalen Tadel kaum mit, denn er blieb in den USA und genoss das Leben. Denn schon damals zählte in den USA mehr, was man geleistet hatte, und nicht, wo man herkam.

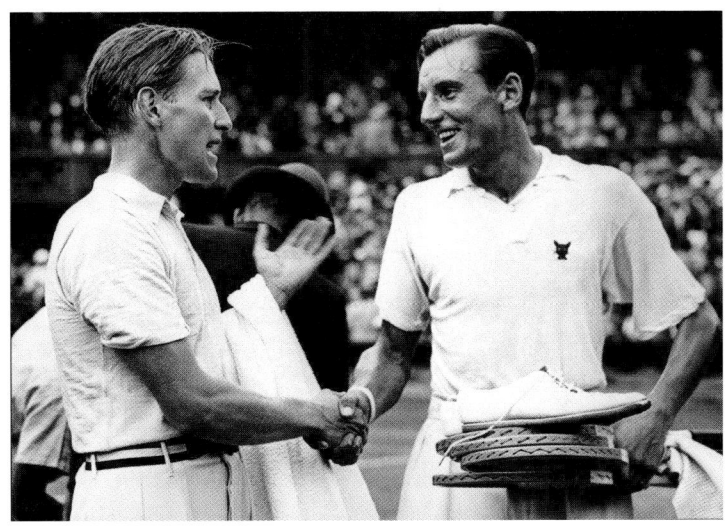

Begegnung zweier Tennisgrößen der dreißiger Jahre im Finale 1936: Gottfried von Cramm (l.) und Fred Perry (Ullstein Bilderdienst)

Jahre später: Gottfried von Cramm ist inzwischen Deutschlands erfolgreichster Tennisspieler.

Hier musste er nicht gefallen wie in England, wo er in jeder Spielpause sein angeschwitztes Hemd gegen ein frisch gestärktes austauschte und sich Brillantine ins Haar tat, um äußerlich tadellos zu wirken. Perry: »Damals war ich für sie ein dreckiger Straßenjunge, der nichts besaß und ihren weißen Tennis beschmutzte.«

Perry wuchs im nordenglischen Industrieviertel auf und sprach Dialekt. Er kam vom Tischtennis – dass er dort Weltmeister wurde und 1929 den Ungarn Szabados schlug, interessierte die Engländer kaum, genauso wenig wie seine Liebe zum Fußball. Er trainierte regelmäßig beim FC Arsenal, um seine Kondition zu verbessern.

Das Verhältnis von Wimbledon zu Perry bestand mehr aus Billigung denn aus Stolz. Erst 1933 konnte man ihn nicht mehr ignorieren, als er an der Seite seines Freundes Henry Austin erstmals die übermächtigen Franzosen – die vier Musketiere Henrie Cochet, Jean Borotra, Jacques Brugnon und René Lacoste schlug.

Und jetzt war Perry in Amerika. Noch im selben Jahr spielt er ein Schauturnier im Madison Square Garden in New York und baute sich eine neue Existenz auf. Er heiratete die Schauspielerin Helen Vilson – die erste von drei Ehen – und nahm die amerikanische Staatsbürgerschaft an, als er nach Kalifornien zog.

Erst nach dem Zweiten Weltkrieg kam er wieder zurück in den All England Lawn and Cricket Club und arbeitete als BBC-Reporter. Der Krieg hatte alles verändert, auch die Einstellung zu Fred Perry. England respektierte inzwischen den Mann, der viermal den Davis Cup gewonnen und bei keinem seiner drei Wimbledon-Turniere auch nur einen Satz abgegeben hatte. Wann immer er auf den Courts erschien, wurde er mit Applaus begrüßt. Er wurde englischer Botschafter für den Tennis-Sport.

Er starb während der Australian Open in Melbourne.

Nachdem er als Besucher dem Nachwuchs zugesehen hatte, wollte er sich kurz im Hotelzimmer frisch machen, rutschte dabei auf einer Badekachel aus und brach sich vier Rippen. Er musste ins Krankenhaus, wo er später starb. Als 25 Tage danach sein Leichnam in der St. Margarets Chruch in Rottingham beigesetzt wurde, lag im Sarg ein Tennisschläger aus Holz.

Donald Budge – Henry Austin 6:1 6:0 6:3

Wie ein Baseball-Schlag das Tennis revolutionierte

Zwei Herren betreten den Centre Court. Jeder von ihnen hat einen Tennisschläger unter dem Arm. Hinter den beiden folgt ein junger Mann mit weiteren Schlägern und einigen Handtüchern. Über ihnen scheint die Sonne, der Regen ist weitergezogen und sogar der Wind, der eben noch stürmisch geblasen hat, ist nun kaum spürbar.

Oben in der Loge nimmt gerade Queen Mary ihren Platz ein – bereits zum zweiten Mal in diesem Jahr. Im weißen Kleid mit Sonnenbrille grüßt sie ins Publikum und setzt sich unter großem Applaus in der Königsloge. Die Türen zum Centre Court werden im selben Moment geschlossen, als die Spieler den Schiedsrichterstuhl von Douglas Hamilton Price erreichen. Beide drehen sich um und verbeugen sich vor der Königlichen Hoheit. So verlangt es das Protokoll des Jahres 1938.

Aufschlag hat der Amerikaner Donald Budge. Sein Gegner hat den Heimvorteil, denn Henry Austin ist Engländer. Nach dem amerikanisch-deutschen Finale im Jahr zuvor nun wieder ein Endspiel mit britischer Beteiligung.

Es war die Zeit, als man auf der Tribüne saß und bei geschlossenen Augen ein beruhigendes »plop-plop, plop-plop« hörte. Öffnete man die Augen hin und wieder, sah man zwei Männer mit Tolle und Frisiercreme im Haar. Sie trugen elegante Hosen mit Aufschlag und jeweils zwei Bundfalten, das untere Ende des Baumwollhemdes war glatt gestrichen und im strammen Hosenbund verschwunden. Bis auf ein Emblem auf der Brust war die Kleidung weiß.

Donald Budge, der 1,90-Meter-Mann auf dem Rasen. Seine Rückhand hatte er beim Baseball gelernt. (Ullstein Bilderdienst)

Nach fünf Minuten war das erste Spiel entschieden, 1:0 für den Amerikaner, den man »Don« nannte. Ein wenig Ehrfurcht war dabei, wenn man seinen Namen aussprach, hatte er doch schon im Vorjahr gegen Gottried Freiherr von Cramm mit 6:3, 6:4, 6:2 in 65 Minuten gesiegt. Dazu hatte er noch das Doppel mit Team-Kollege Gene Mako gewonnen, und der dritte Sieg war ihm im Mixed mit Alice Marble gelungen.

Doch an jenem Tag waren die Zuschauer optimistisch, auch Budge wäre mit ein bisschen Glück zu schlagen, denn Henry Austin war in guter Form. Der Brite brachte sein Aufschlagspiel durch: 15:0 mit seinem gefürchteten zweiten Schlag an die Außenlinie, das 30:0 und den Spielball holte Austin mit echten »winners«. Budges Returns segelten hoch ins Aus. Zu diesem Zeitpunkt erreichten der Duke of Kent mit seiner Duchesse die Loge. Das Spiel ging weiter. Fünfmal in Folge hieß es »Game Budge«, dieser erste Satz wurde mit 6:1 gewonnen.

England gab die Hoffnung aber noch nicht auf, schließlich hatte ein Satzverlust noch nichts zu bedeuten. Und Austin war nun mal einer, der ein Spiel umbiegen konnte. Auch die Tatsache, dass Budge auf dem Weg ins Finale nicht einen Satz abgegeben hatte, wurde schlichtweg ignoriert. Damals wussten die von Fred Perry verwöhnten Briten noch nicht, dass zumindest bis ins Jahre 2000 kein Landsmann mehr im Finale von Wimbledon stehen würde.

Donald Budge war in Hochform. Durch seine Größe von fast 1,90 Meter schien er am Netz überall zu sein. Austin fand keine Lücke, um ihn zu passieren, und gab gleich seinen ersten Aufschlag ab. Das 2:0 gelang noch schneller. Budge schlug drei Asse in Folge, zwei davon sogar mit seinem zweiten Aufschlag. Für die einzige Unterbrechung in diesem Spiel sorgte der Linienrichter. Er sah bei Budges Aufschlag Kalkstaub und gab den Ball aus. Der Amerikaner schwieg, dafür zeigte Austin britische Korrektheit und deutete den Ball gut. Budge servierte unbeirrt ein weiteres Ass. Es ging in diesem Tempo weiter.

Aufschlag Austin, aber wieder konnte er sich nicht durchsetzen, Budge returnierte mit einer solchen Wucht, dass Austin alle Re-

Henry, genannt
»Bunny«, Austin, der
Mann mit Heimvorteil
(Ullstein Bilderdienst)

turns über die Grundlinie hinausschlug: 3:0. Das 4:0 beendete der Amerikaner erneut mit einem Ass.

Am unberechenbarsten war jedoch seine Rückhand. Budge war der erste Spieler, der sie nicht nur nutzte, um einen Ball aus der Ecke zu fischen und irgendwie übers Netz zu schieben. Er konnte den Ball derart druckvoll beschleunigen und seine Flugbahn kontrollieren, dass jeder Gegner überfordert war.

Er hatte diesen Schlag beim Baseball gelernt, ins Tennisspiel integriert und perfektioniert. So konnte er sich wenigstens etwas von seinem Lieblingsspiel bewahren. Nur weil er Tennis letztendlich besser konnte, wechselte er die Sportart.

An seinem ersten Turnier nahm er nur teil, weil ihn sein älterer Bruder Lloyd überredet und ihm Vater John eine neue Baseball-Ausrüstung versprochen hatte. Er gewann, war mit fünfzehn Jahren kalifornischer Jugendmeister und entschied sich dann für das Tennisspiel.

Zwei Jahre später stand er im Halbfinale von Wimbledon, wo er von Gottfried Freiherr von Cramm bezwungen wurde. Schon zwei Jahre später schlug er den Deutschen, diesmal im Finale in drei Sätzen und nur 65 Minuten. Aus ihren sportlichen Begegnungen entwickelte sich eine tiefe Freundschaft.

Als von Cramm von Hitlers Gestapo während des Nationalsozialismus inhaftiert wurde, war es Budge, der einen internationalen Appell von Spitzensportlern für seine Freilassung organisierte. Sein Wort hatte Gewicht, denn er war international sehr bekannt, den Ursprung dafür hatte er in Wimbledon gelegt.

Zurück auf dem Centre Court an jenem Sommertag des Jahres 1938. Vor dem 5:0 im zweiten Satz hatte Austin dreimal die Chance, wenigstens einen Punkt zu machen. Das ließ die Zuschauer Hoffnung schöpfen, aber er scheiterte erneut an Budges Rückhand. Fast fünfzig Jahre sollte es dauern, bis diese Perfektion wieder erreicht wurde – der nächste Spezialist hieß Jim Courier.

Austin verlor 0:6 und schaffte es dennoch, die Spannung zu halten. Er war eben ein Kämpfer, hatte das Publikum auf seiner Seite und versuchte, Budge immer wieder in die Ecken zu jagen, so wie

Wimbledon als Fernsehereignis

Es war der 21. Juni 1937, als zum ersten Mal bewegte Bilder aus Wimbledon übertragen wurden. 25 Minuten des Eröffnungsspiels Henry Austin gegen George Lyttleton Rogers. Die BBC hatte zwei Kameras auf dem Court angebracht, eine zeigte die Spieler aus der Nähe, die andere Kamera deckte die Totale ab.
In den folgenden Tagen bis zum Finale wurde auf jeweils dreißig Minuten Sendezeit erhöht. Einen freudigen Satz von Donald Budge bekam dennoch keiner zu hören. Das erste Sieger-Interview führte Alice Marble, die Siegerin von 1939, mit dem Franzo-

es ihm in der Vorrunde noch gegen die anderen Spieler gelungen war.

Aber spätestens im dritten und letzten Satz erkannte jeder, dass Donald Budge seiner Zeit weit voraus war. Die Zeitungen sprachen hinterher erstmals von einem »kompletten Spieler«.

Auch wenn Austin noch drei Spiele gewann, er musste selbst zugeben: »Es gab keinen Schlag, den Donald nicht perfekt beherrschte.« In Budges stärkster Spielphase zählten die Statistiker vierzehn hintereinander gewonnene Spiele.

Den Matchball verwandelte Budge mit einem Aufschlag-Return. Da waren gerade 59 Minuten gespielt. Dieser Sieg in Wimbledon sollte der Grundstein für den ersten Grand Slam der Geschichte sein, denn Donald Budge siegte im gleichen Jahr in Australien, Frankreich und nach Wimbledon noch bei den US Open. Er war der dominanteste Spieler jener Zeit, holte sich in zwei Jahren 92 Siege und erhielt für diese Leistung einen Platz in der »Hall of fame«.

Kurz danach unterschrieb er einen Profivertrag und erhielt 100 000 Dollar, so viel, wie noch nie einem Spieler bezahlt worden war. Bis 1955 trat Donald Budge bei internationalen Turnieren an, doch auch in der Zeit nach dem Ende seiner Karriere sah man ihn oft in Wimbledon auf der Tribüne sitzen.

Als einen »ganz großen Moment« empfand Steffi Graf 1988 seinen Händedruck, das anerkennende Kopfnicken und die Glückwünsche zu ihrem ersten Grand Slam. Es hätte keinen würdigeren Gratulanten als Donald Budge geben können, der am 26. Januar 2000 an den Folgen eines Autounfalls starb.

sen Yvon Petra und der Amerikanerin Pauline Betz erst neun Jahre später am Samstag, den 6. Juli 1946.
Die erste Konkurrenz bekam BBC im Jahre 1954. Da stieg Eurovision mit in die Übertragung ein – 1967 auch in Farbe. 1995 wurden 6000 Stunden aus Wimbledon in 27 Länder übertragen. Heute gibt es nichts, was den Kameras entgeht. Kein Prominenter, kein neues Dress, kein Schweißtropfen. Der britische Sender BBC ist immer noch dabei und übertrug im Jahr 2001 zum 64. Mal aus dem All England Lawn and Tennis Club …

Alonzo Gonzales – Charles Pasarell
22:24 1:6 16:14 6:3 11:9

Der Marathon-Mann

Zwei Tage brauchten die Amerikaner Ricardo Alonzo Gonzales und Charles Pasarell, um festzulegen, wer von ihnen in die zweite Runde von Wimbledon einziehen darf. Es war der 23. und 24. Juli 1969. Sie begannen am späten Nachmittag des einen und endeten am Mittag des anderen Tages. Zufrieden und unzufrieden, in beiden Fällen jedoch erschöpft.

Pasarell mit 25 Jahren im besten Profi-Alter, Gonzales hingegen war 41 Jahre alt, hatte graue Schläfen, eine Menge Falten in seinem gebräunten Gesicht und eine unwiderstehliche Persönlichkeit. Wenn man ihn so ansah, konnte man sich genau vorstellen, wie er noch ein paar Jahre zuvor in einem feudalen Club auf den Bahamas den gut betuchten Damen Tennis-Unterricht gegeben hatte. Dazu war er 1,90 Meter groß, sein Körper austrainiert, und er hatte den härtesten Aufschlag der Welt. Während ihn die Frauen umschwärmten, entwickelten die Männer Ehrgeiz, wenigstens einen von zehn Gonzales-Aufschlägen zu returnieren. Das Tennislehrer-Leben hielt er allerdings nur zwei Jahre durch, dann hatte Gonzales wieder Lust auf richtige Gegner vom Kaliber eines Rod Laver, Lewis Hoad oder Ken Rosewall. Die traf er 1964 bei einem Profi-Turnier in Cincinnati bei den nordamerikanischen Hallenmeisterschaften und besiegte sie – wie früher. Der Mann, dessen Eltern aus Chihuahua in Mexiko nach Amerika emigriert waren, hatte jedoch wie viele andere Tennisstars mit der Unterschrift unter einen Profivertrag bis 1968 das Recht verloren, bei den großen Turnieren zu spielen.

Alonzo »Pancho« Gonzales im Finale gegen seinen 16 Jahre jüngeren Landsmann

Nachdem er 1949 in Wimbledon und Paris das Doppel gewonnen hatte, lockte ihn die Summe von 75 000 Dollar. Statt zu den wichtigsten Turnieren der Welt zu fahren, tingelte er fortan mit einer kleinen Star-Truppe durchs Land. Statt Silberpokale und vergoldete Schalen sicherte er sich den lange begehrten pompösen Lebensstil. Seine Titel hießen zwar auch Weltmeister, aber die Turniere, auf denen er diese erlangte, waren nur Schauturniere. Dennoch galt er als der beste Spieler zwischen 1948 und 1960 – dem Zeitpunkt, als er sich auf die Bahamas zurückzog.

So schlug er beim wichtigsten Turnier der Welt erst auf, als seine beste Zeit eigentlich schon vorüber war. Dennoch ging er dreimal in die Geschichte von Wimbledon ein. Zum einen mit einem sehr langen Match (im Wimbledon-Almanach ist kein längeres geführt), nämlich fünf Stunden und zwölf Minuten, zum anderen durch den Satz mit den meisten Spielen – 46. Doch diesen Rekord muss er sich mit dem Italiener Pietrangeli teilen, der gegen den Jugoslawen Niki Pilic ebenso viele brauchte.

Den dritten Rekord hält er mit seinem Gegner Charles Pasarell wohl für die Ewigkeit. Sie brauchten 112 Spiele in der ersten Runde von Wimbledon, und da später das Tiebreak eingeführt wurde, ist es undenkbar, dass diese Anzahl noch einmal erreicht wird. Es begann mit dem längsten Satz. Gonzales wehrte elf Matchbälle ab, beim zwölften fehlte ihm das Glück. Ein Lob von Pasarell fiel direkt auf die Kalklinie – Gonzales verlor 22:24.

Hinter der Tribüne zog die Dämmerung herein, als Gonzales auch den zweiten Satz zu verlieren drohte und 1:4 hinten lag. Der Schiedsrichter hatte wohl gute Augen und ließ weiterspielen. Das ärgerte Gonzales so sehr, dass er den Schiedsrichter anbrüllte, er möge doch endlich aufgrund der Dunkelheit abbrechen. Der blieb jedoch stur, worauf Gonzales mit seinem Schläger gegen seinen Stuhl schlug und eine Verwarnung sowie Pfiffe erntete. Gonzales hörte daraufhin mehr oder weniger auf zu spielen. Der Schiedsrichter beendete den Satz offiziell nach dem Stand von 6:1 für Pasarell.

Während der Tages-Sieger mit einer 2:0-Führung ins Bett ging, brodelte die Wut in »Pancho«Gonzales die ganze Nacht. Dement-

*Auf dem langen Weg:
erste Runde im
königlichen Court für
Alonzo Gonzales*

sprechend übel gelaunt betrat er am nächsten Tag den Platz und trotzte minutenweise mit traumhaftem Tennis. Seine ganze Aggression bannte er in zartes Ballgefühl und schnelle Sprints ans Netz. Den Rest der Zeit bewältigte er mit der Schlitzohrigkeit eines alten Gauners. Gab es Engpässe, verließ er sich nur auf seinen Aufschlag. Der war trotz seines Alters einzigartig für diese Tennis-Ära. Zwei Jahre hatte er bei Schauturnieren gegen Amateure sogar seinen zweiten Aufschlag gestrichen bekommen, damit die Spiele nicht zu schnell entschieden waren. Jetzt durfte er ihn zweimal einsetzen. Wann immer Gonzales Kräfte schonen wollte, zuckte er nicht einmal, wenn Pasarell servierte. Lahm trottete er von links nach rechts und bemühte sich nur, wenn der Ball in Reichweite aufkam. Um so

Eine Handvoll Dollar für den ersten Profi-Vertrag. Gonzales hat ihn 1949 in New York unterschrieben.

Ruhm und Geld ...

1969 war das zweite Jahr, nachdem sich der **All England Lawn and Tennis Club** für Profis geöffnet hatte, und gleichzeitig das letzte, in dem die Turnierleitung zweigleisig fuhr. Denn nur in den Jahren 1968 und 1969 gab es eine Unterteilung in Spieler, die für Preisgeld spielten, und diejenigen, die sich mit einer Medaille begnügten. **Pancho Gonzales** spielte für Preisgeld. Nach seinem Ausscheiden im Viertelfinale bekam er einen Scheck über 450 Pfund. 32 Jahre später hätte er mehr als das Hundertfache für die gleiche Leistung bekommen, genau wie der Sieger **Rod Laver**, der damals 3000 Pfund gewann.

mehr Dynamik legte er in sein eigenes Spiel und setzte auf Zeit. Irgendwann musste auch der 16 Jahre jüngere Körper von Pasarell ermüden.

Die ersten Anzeichen waren kleine Fehler, Bälle landeten im Netz, Aufschläge kamen nicht mehr so kraftvoll. Gonzales holte auf und gewann zwei Sätze in Folge, den ersten 16:14, den zweiten

6:3. Es waren insgesamt bereits 92 Spiele gekämpft, beide Spieler wirkten angeschlagen. So gab es im fünften Satz keine Taktik mehr, es ging, wie Gonzales Jahre später sagte, »um Leben und Tod«. Wer am Ende den Arm heben konnte, gewann. Es hätte Pasarell sein können, denn der hatte sieben Matchbälle, aber einen Gegner, der einfach nicht zurücksteckte. Gonzales wehrte sie alle ab und brach den jungen Spieler endgültig. Die Befehle des Kopfes erreichten Pasarells Arme und Beine zu spät, der junge Amerikaner ergab sich 9:11.

Das Publikum würdigte Gonzales, den Flegel, mit stehenden Ovationen. Doch der hatte seinen Stolz. Keine Freude, kein Lächeln, nicht mal eine geballte Faust gab er ihnen zurück.

Als Kind hatte er Drogerie-Sendungen ausgetragen, statt zur Schule zu gehen, seine achtköpfige Familie mit Wetteinsätzen auf die eigenen Spiele ernährt. Sein Leben und seine Erfolge hatte er sich selbst erarbeitet, so wie diesen Sieg auch ohne die Unterstützung des Publikums. Diese Haltung imponierte dem Publikum von Wimbledon. Als er in der dritten Runde an Arthur Ashe scheiterte, wurde er als Held des Turniers gefeiert.

26 Jahre nach diesem denkwürdigen Spiel starb Gonzales am 3. Juli 1995 an Krebs. John Curry, der Vorsitzende des All England Lawn Clubs ehrte ihn mit den Worten: »Pancho Gonzales war einer der besten Spieler, der Welt und viele werden ihn unter die fünf Größten aller Zeiten einreihen. Er wurde zur Tennis-Legende, obwohl es ihm trotz seines Talentes nie gelang, das Einzel von Wimbledon zu gewinnen.«

Mit dem Einstieg der Profis und der Gründung der ATP 1972 stieg das Preisgeld jährlich. Bis in die achtziger Jahre verdoppelte es sich bei den großen Turnieren ungefähr alle vier Jahre. Die letzte Meldung aus dem Jahr 2001: Das Preisgeld beim Wimbledon-Turnier vom 25. bis 8. Juli wurde um 5,5 Prozent auf 26 Millionen Mark erhöht. Der Herren-Sieger bekommt umgerechnet 1 560 000 Mark für seinen Sieg, die beste Frau 1 450 000 Mark. Dennoch hat sich eines bis heute nicht geändert: Der Ruhm des Wimbledon-Siegers ist unbezahlbar.

Rod Laver – John Newcombe 6:4 5:7 6:4 6:4

Der geknetete Gummiball

Das Jahr 1969 war durchaus legendär. Der Australier Rod Laver sicherte sich zum zweiten Mal nach sieben Jahren den Grand Slam, zum ersten Mal als Profi. Bereits 1962 war er als zweiter Mann der Welt nach Donald Budge erfolgreich gewesen und bekannte: »Das hat mein Leben verändert.«

Es war auch das Jahr, in dem Rod Laver zum letzten Mal in Wimbledon siegte und in dem durch die Öffnung für die Profis ein bis dahin einmaliges Starterfeld zusammenkam.

Neben den späteren Finalisten Rod Laver und John Newcombe kämpften auch Tony Roche und Ken Rosewall um den Titel. Es waren die Jahre, in denen die Australier die Tennisszene beherrschten. Es fielen aber noch zwei weitere Namen auf: Da war zum einen der Rumäne Ion Tiriac, der später Boris Becker als Trainer und Manager am 7. Juli 1985 zum ersten deutschen Wimbledonsieger machen sollte. Und da war auch Niki Pilic, der charismatische Jugoslawe, der später das deutsche Davis-Cup-Team um Becker dreimal zum Davis-Cup-Sieg führte.

Genau dieser Niki Pilic spielte schon in der ersten Runde gegen den Finalisten John Newcombe und verlor 10:12, 4:6, 6:4 und 5:7. Es war schon das zweite Mal, dass er Pilic in Wimbledon rauswarf.

Freunde wurden sie dennoch, beide stiegen sie im selben Jahr in die erste Profigruppe des US-Ölmilliardärs Lamar Hunt ein und nannten sich die »Handsome Eight«. Pilic lacht, wenn er heute rückblickend sagt: »John war sogar schöner als ich und ein cooler Typ. Er liebte Bier.«

Rod Laver zeigt, was es in Wimbledon zu gewinnen gibt, und er ist stolz darauf.

41

Für Tennis hatte er sich entschieden, als er im Radio die Davis-Cup-Übertragung Australien gegen die USA verfolgte. Danach nahm er den Schläger in die Hand, trainierte hart und war mit sechzehn Jahren der jüngste Teilnehmer bei internationalen Turnieren seines Landes. Ein echtes Naturtalent, das 1967 zum ersten Mal im Finale von Wimbledon stand und gleich – ausgerechnet gegen den Deutschen Wilhelm Bungert – mit 6:3, 6:1, 6:1 gewann.

Pilic blieb das ganze Turnier über in London und saß auch beim Finale in der Spieler-Loge. »Die Stehtribüne fasste über 6000 Menschen. Sie waren schon am Vortag gegen 17 Uhr gekommen und blieben die ganze Nacht mit Tee und Decken«, erinnert er sich.

Der Grund war einfach, denn wenn um zwölf Uhr am darauf folgenden Mittag der Centre Court geöffnet wurde, durften sie sich ihre Plätze aussuchen. »Wer so etwas auf sich nimmt, muss ein wahrer Tennis-Fan sein, und genau das machte auch die Atmosphäre an diesem Tag aus. Das kann man nicht kaufen, das geht ganz tief in die Seele und bereitet mir noch heute in bestimmten Momenten eine Gänsehaut.«

Kottkamps Erinnerungen

»Ich bin vor Ehrfurcht erstarrt. Der kleine Kotti in Wimbledon. Das hatte eine Dimension wie Tour de France oder Oxford – Cambridge. Das dunkle Grün, das Efeu, das sich überall hochrankt. Das nahm mich ein, ich hatte das Gefühl, die ganze Luft ist voller Tradition. Ich habe Rod Laver hoch verehrt. Mit das Größte für mich war, dass ich diese ganzen großen Spieler beim Training beobachten konnte. Das war mir vorher gar nicht bewusst. Aber klar, sie mussten ja trainieren.

Ich konnte hingehen und einem Ken Rosewall beim Training zusehen. Ich habe Wimbledon und London aufgesaugt. Ich bin fast immer mit der U-Bahn gefahren oder zu Fuß gegangen, habe mir jeden Tag beim gleichen Obsthändler ein Pfund Kirschen gekauft.

Small talk mit der Herzogin von Kent und Prinz Philip. Ein Jahr vor dem ersten Wimbledon-Sieg unterliegt Laver (l.) gegen Neale Fraser.

Es war meine erste Auslandsreise, mein erstes großes Turnier. Ich erinnere mich noch, wir machten eine Live-Schaltung zu den beiden Spielen Roy Emerson gegen John Newcombe und Tony Roche gegen Ken Rosewall.
Das war der Generationswechsel, die Alten Emerson und Roche gegen die Halbwüchsigen, die dann beide im Finale standen, und Newcombe gewann. Rod Laver schied leider schon vorher aus. Es war eine Zeit, als noch echtes Tennis gespielt wurde, später durch die Technisierung hat sich das Herren-Spiel stark verändert.«
Volker Kottkamps Erinnerungen an sein erstes Jahr in Wimbledon 1970 als Reporter für Radio Bremen.
Bis 1990 kommentierte er unzählige Wimbledon-Spiele für die ARD.

Da standen die beiden Australier. Rod Laver, schmal und rothaarig, 31 Jahre, und John Newcombe, dunkelblond, groß gewachsen, 25 Jahre alt. »John hatte einen passablen Aufschlag, eine gute Vorhand und spielte exzellente Flugbälle. Seine Schwäche war die Rückhand«, sagt Niki Pilic, dem auf der Tribüne schnell klar wurde, dass nur Rod Laver dieses Spiel würde gewinnen können.

»Rod war ein typischer Linkshänder. Seine linke Hand war viel länger als seine rechte«, schildert Pilic seine Erinnerungen. Ein bisschen Schuld an dieser »Unproportion« hatte sicherlich auch sein Trainer Harry Hopman, denn weil Laver als Teenager so schmächtig gewesen war, hatte ihm dieser Krafttraining verordnet – mit der obersten Priorität, seinen Schlagarm zu trainieren. Dafür gab er ihm einen kleinen Gummiball, den er fortwährend kneten sollte. Laver arbeitete alle körperlichen Defizite auf, wog danach bei der Größe von 1,75 Meter 72 Kilogramm, und Hopman verpasste ihm den Spitznamen »Rocket«.

Pilic erzählt weiter: »Er hatte unglaublich viel Ballgefühl. Ein echter Ausnahmetyp. Es gab keinen Schlag, den er nicht beherr-

Im Finale gegen John Newcombe 1969. Es ist Lavers insgesamt vierter Turniersieg nach 1961 und 1962 als Amateur und 1968.

schte. Er bewegte sich perfekt. Es bot sich kaum eine Möglichkeit, gegen ihn zu gewinnen. John hatte wenig Chancen.«

Das Spiel endete 6:4, 5:7, 6:4 und 6:4. Pilic: »Dass Newcombe einen Satz gewann, war fast sogar Zufall. Das haben wir alle so gesehen. Rod Laver spielte perfektes Serve and Volley. Ein Aufschlag, und schon war er am Netz. Newcombe hätte zu diesem Zeitpunkt nur gewinnen können, wenn Laver 85 Prozent gespielt hätte und er 110 Prozent.«

Solche Tage gab es auch, aber das Finale gehörte nicht dazu. Rod Laver hielt am Ende den Pokal in der Hand. Ein gewohntes Bild für die Profis.

Sein Scheitel lag wie immer akkurat, die Fingernägel waren vor Nervosität bis aufs Nagelbett runtergekaut, und die Sommersprossen gaben ihm etwas Jungenhaftes. »Ein wirklich außergewöhnlicher Typ und ein echter Gentleman, kein Cowboy wie John McEnroe, Pat Cash oder Connors. Und er hätte noch mehr als zwei Grand Slams holen können, wenn es nicht die Spielsperre für Profis gegeben hätte«, glaubt Pilic.

Es war die unglaubliche Konstanz von perfekten Schlägen, durch die er sich Freiraum für spielerische Fantasie schaffte. Er überlegte

44

sich so viele Varianten für das Tennisspiel, dass er mit jeder Stimmung des Gegners, mit jedem Umstand und mit jeder Bedingung zurecht kam. Anpassungsfähig wie sein kleiner Gummiball, den er früher geknetet hatte.

Auch wenn das Spiel heute schneller, aggressiver und athletischer ist, nicht nur für den ehemaligen Davis-Cup-Chef ist Rod Laver noch heute der erfolgreichste Tennisspieler aller Zeiten. Zweimal gewann er den Grand Slam und war fernab der Zählweise von Computer-Weltranglisten über ein Jahrzehnt die Nummer eins. Niki Pilics beste Platzierung war im Übrigen die Nummer fünf ...

Doch während Niki Pilic den Absprung schaffte (»Es ging mir nie ums Geld, ich wollte nur so lange spielen, wie ich die Klasse dazu habe.«), erlag Laver dem verdammten Fluch der Zahlen. Pilic pflanzte im Garten seines Münchner Hauses Wimbledonrasen, den ein Jahr älteren Rod Laver zog es zurück zum Original.

Elf Grand-Slam-Siege hatte er erreicht, der zwölfte sollte auch noch gelingen. Mit 39 Jahren versuchte er es noch ein allerletztes Mal in Wimbledon. Die Australier waren zäh. Kenneth Rosewall hatte es ihm vorgemacht und erst mit 45 Jahren seine Karriere beendet.

Die Einsicht kam in der zweiten Runde, als er gegen Dick Stockton verlor und es so bei elf großen Titeln blieb.

Am 27. Juli 1998 erlitt Laver einen Schlaganfall. Die Tenniswelt war bestürzt, schmunzelte aber ein paar Wochen später, als sie die Schilderung des behandelnden Arztes Dr. Erich Aldrich über seinen Patienten hörte: »Er saß in einem Rollstuhl. Mit der linken Hand warf er ein Tennisball. Mit der rechten Hand hielt er ein Tennis-Racket und machte Schlagbewegungen.«

Ein Jahr später war er schon wieder auf den Beinen und überreichte Andre Agassi den »Coupe de Mousquetaires«, den Pokal, den nur Spieler bekommen, die bei allen vier Grand Slams gesiegt haben – so wie einst Rod Laver selbst.

1970 und 1971 war dann John Newcombe an der Reihe, nachdem er auch schon mal 1967 den Court als Sieger verlassen hatte.

5. Juli 1974

Chris Evert – Olga Morozova 6:0 6:4

Eine neue Königin für England

Das Jahr 1974 tauften die Briten ein »erlesenes Jahr«. Es war der große Umbruch nach den Jahren der Dominanz durch Billy Jean King bei den Frauen und den Australiern John Newcombe, Rod Laver und Stan Smith bei den Männern. Einerseits war dieses Turnier erfüllt von Wehmut, andererseits gab es einen glorreichen Neuanfang. Es war Zeit für große Emotionen.

Meistens sind es die sportlichen Grenzgänger, die in Wimbledon ihre größten Auftritte haben. Im Finale der Herren stand der 21-jährige Jimmy Connors, bei den Damen spielte die 19-jährige Chris Evert um den Sieg.

Ohne große Mühe hatte sie im Halbfinale die Australierin Melville mit 6:2 und 6:3 besiegt, was nur etwas länger als eine Stunde gedauert hatte.

Noch weniger brauchte sie für ihren ersten Wimbledon-Sieg zwei Tage später an diesem 5. Juli. Nach 59 Minuten applaudierten die Zuschauer der jüngsten Siegerin seit 1952. Mit 6:0 und 6:4 hatte sie die Russin Olga Morozova geschlagen, und weil die Turnierleitung wegen des miserablen Wetters einen Zeitpuffer eingebaut hatte und statt um vierzehn Uhr schon um zwölf Uhr den ersten Aufschlag servieren ließ, war um dreizehn Uhr an diesem Tag bereits das erste Finale gespielt – eine Wimbledon-Premiere.

Die Russin Olga Morozova hatte drei Breakbälle im ersten Satz. Sie gewann keinen. Danach rauschte Everts Spiel an ihr vorbei, und nach nur zehn Minuten stand sie schon im zweiten Satz und wusste wieder nicht so genau, was sie eigentlich machen sollte. Als ihr Chris

Jimmy Connors küsst seine Verlobte Chris Evert. Beide waren sie in diesem Jahr erfolgreich in Wimbledon, wie die Trophäen zeigen. Nur die Ehe kam nicht zustande.

47

Evert am Ende ein Küßchen auf die Wange drückte, schaute sie noch immer verwirrt drein.

Dabei hatte sie sich vorgenommen, Everts Nerven mit schnellen Sprints ans Netz zu reizen, aber die schickte ihr entweder einen Lob zurück oder fand eine Lücke, die Morozova im Nachhinein breit wie eine Autobahn vorgekommen sein musste.

Die Rechtshänderin Chris Evert trieb ihre Gegnerin rhythmisch in die Ecken, mit der Vorhand nach links, mit der beidhändigen Rückhand nach rechts oder auch umgekehrt. Erst pendelte sie die Gegnerin in ihr Spiel ein, um dann mit einem abrupten Wechsel den Punkt zu machen. Sie schlug den Ball einfach noch härter und länger und setzte dann einen Stoppball.

Chris Evert war nur einmal kurz verwundbar, im zweiten Satz beim Stand von 4:2. Da zeigte sie eine kurze Schwäche, und Morozova begriff, dass Everts Spiel zwar gemein, aber auch durchschaubar war. Ähnlich ging es ihr schon einige Wochen zuvor, als sie im Finale der French Open zum ersten Mal gegen Evert verloren hatte. Aber auch diesmal war es wieder zu spät, denn Chris Evert hatte das Spiel von klein auf studiert, die Flugbahnen der Bälle wie Mathematik-Formeln gelernt und holte sich gerade ihre Note eins dafür ab.

»Jeder Top-Spieler ist ein Einzelgänger. Kein Mitläufer, sondern ein Vorreiter«, sagte Chris Evert nach ihrem Sieg in Wimbledon.

Es ist das Gesamtbild der Spielerinnen, das dieses Tennisturnier prägte und einen Finaltag zu einem besonderen machte. Die Kleidung, die Frisuren, der Habitus. Das lag zum großen Teil daran, dass es bei keinem Turnier so viele Regeln einzuhalten gibt. Chris Evert wurde von den Briten immer »ihre kleine Miss Amerika« genannt. Es war der Anfang der Hippie-Zeit, und die braunen Augen hatte sie dick mit schwarzem Kajal gerahmt. So glühten sie auch noch für die Zuschauer in den oberen Reihen. Die Haare waren erstmals mit Fönfestiger fixiert, so dass die Außenwelle auch noch nach drei Sätzen erkennbar war.

Der Blick bleibt gerade in Wimbledon gerne im Detail hängen. 26 Jahre später waren es die weißen und grünen Perlen in den Haa-

Traumpaar ohne Happyend

Chris Evert und Jimmy Connors hatten jeweils ihre Einzel gewonnen. Die Engländer mit ihrer pedantischen Chronistenpflicht, alle Besonderheiten, Kuriositäten und Rekorde zu archivieren, notierten den ersten Doppelsieg eines verlobten Paares. Passend dazu die Titelseiten der englischen Montagsblätter mit dem Foto vom Tanz der Champions. Chris Evert in hochhackigen Schuhen unterm langen weißen Kleid und damit genauso groß wie Jimmy Connors. Was auch in den Zeitungen nicht stand, war die Geschichte ihres Kennenlernens. Aus dem Mund von Jimmy Connors klang das so: »Nach dem Queens-Turnier vor zwei Jahren fragte ich Chris, ob sie auf mich warten würde. Ich hätte Lust, mit ihr zu Abend zu essen. Sie sagte spontan ja, und ich ging unter die Dusche, brauchte meine üblichen fünfzig Minuten. Sie wartete tatsächlich die ganze Zeit vor der Kabine.«

In einer Pause des Finales: Olga Morozova Rücken an Rücken mit Chris Evert (r.)

Jetzt waren sie sich sicher, planten bereits für den November ihre Hochzeit, und Chris Evert schwärmte: »Ich höre sofort mit dem Tennis auf, wenn ich Kinder bekomme. « Gelächter bei den Zuhörern, als ein Journalist entsetzt fragte, für welchen Zeitpunkt dieses Karriereende geplant sei. Jimmy Connors grinste nur breit, zeigte auf Chris Evert und sagte mit schelmischem Unterton: »Beantworte du das, Mama ...«

Doch dieser Plan blieb einer der wenigen, die sich Chris Evert und Jimmy Connors nicht erfüllen konnten. Noch heute wird darüber gemunkelt, dass Billy Jean King die Tennisehe verhindert haben soll, denn die fünfmalige Wimbledonsiegerin riet Chris Evert: »Bewahre deine Unabhängigkeit. Denk an deine Karriere und ans Geld.« Wenig später erklärte Chris Evert: »Heiraten ist kein Thema mehr.«

ren von Serena und Venus Williams. Da zählten die Briten sogar mit, wie viele von ihnen auf den heiligen Rasen purzelten.

So empfand man es als einen wahren Glücksfall, über die Jahre hinweg an dem Leben der modernen Frau aus Florida teilzunehmen. Sie brachte als Erste nach der exzentrischen Suzanne Lenglen wieder Glamour nach Wimbledon und blieb wie die Französin immer eine Lady. Ohne die Erfolge von Dauersiegerin und Frauenrechtlerin Billy Jean King zu schmälern, die Tenniswelt war 1974 bereit für ein neues Gesicht und neue Geschichten.

Chris Everts erstes Gastgeschenk war die Aufsehen erregende Affäre mit »Bad Boy« Jimmy Connors, mit dem sie auch im Mixed antrat. Ein Jahr später fieberte ihr neuer Freund, der Filmschauspieler Burt Reynolds, mit Chris Evert, und gleich hatte jeder das Gefühl, dass Wimbledon jetzt ein wenig von Hollywood umweht war.

Danach überraschte sie mit der Heirat des britischen Tennisspielers John Lloyd. Das kam für die Engländer einer Einbürgerung

gleich, denn nun war sie eine von ihnen. Selbst als sie 1984 mit dem englischen Popstar Adam Faith auftauchte und auf der Anzeigetafel wieder Miss Evert statt Mrs Lloyd zu lesen war, wurde ihr verziehen. Denn immerhin wurde es mit Chris Evert nie langweilig und das, obwohl sie ähnlich erfolgreich war wie Billy Jean King.

Von 1974 an erreichte sie bis 1989 bei jedem Turnier, das sie spielte, mindestens das Viertelfinale. Chris Evert war wie eine Tochter, die die Zuschauer beim Erwachsenwerden begleiten durften.

Ihr Knicks, zu Beginn noch niedlich und verschämt, war am Ende würdig und selbstbewusst. Wimbledon liebte sie so sehr, dass jede Rücktrittsäußerung wie ein Auszug aus dem Kinderzimmer empfunden wurde.

Und Chris Evert sprach oft von Rücktritt. Nimmt man es genau, sogar schon bei ihrem ersten Wimbledon-Sieg, als sie mit Jimmy Connors eine Familie plante. Danach jagte sie England jedes Jahr einen neuen Schrecken ein. Wahrscheinlich brauchte Evert dieses Seufzen der Tenniswelt als Antrieb, und vielleicht produzierte sie diese ewigen Sinnkrisen auch, um für sich selbst zu prüfen, wie viel ihr das Tennisspielen überhaupt noch wert war. Es muss ihr sehr viel bedeutet haben.

Eine innige Beziehung. 1976 und 1981 kommt die Wiederholung.

Sie siegte in insgesamt 1304 Spielen und gewann 21 Grand-Slam-Titel. Einen endgültigen Abschied gab es erst 1989, wenige Wochen vor ihrem 35. Geburtstag. Nachdem sie bei den US Open gegen Zina Garisson ausgeschieden war, sagte sie: »Jetzt ist es Zeit.«

Und diesmal ging sie wirklich. »Ich will jetzt noch ein paar Jahre die Ehe mit meinem Mann allein genießen, dann ein Kind bekommen.« Der Plan ging auf wie ihre Taktik auf dem Court. Drei Jahre später bekam sie ihr erstes Kind, Alexander James Mill. Es folgten Nick und Colton, bei der Geburt des letzten Sohnes war sie bereits 43 Jahre.

Im Jahr 2000 bekamen auch die Briten ihre »Mrs. Amerika« wieder zu sehen, als sie bei der Champions-Parade zum Jahrtausendwechsel neben Martina Navratilova saß. Sie war sofort zu erkennen, denn sie war mal wieder die modischste von allen.

Jimmy Connors – Ken Rosewall 6:1 6:1 6:4

Wachablösung in Wimbledon

Der »Bad Boy« bei der Arbeit mit einem Vorhandball 1994 im Finale

Es gibt Momente im Sport, da spürt man es sofort. Auf einmal steht da eine neue Generation auf der anderen Seite des Netzes, und man merkt selbst, dass es nur noch mit enormem Glück zu schaffen ist, ins Finale zu kommen. Noch mehr begreift man aber, dass ein Sieg gar nicht mehr möglich ist.«

Dabei hatte sich Ken Rosewall diesen Sieg in Wimbledon so sehr gewünscht. Es war sein großer Traum, dem er mehrfach ganz nahe gewesen war. So wie an diesem 6. Juli 1974. Es sollte tatsächlich das letzte Mal sein, dass Ken Rosewall hier im Endspiel stehen würde. Eine Sternstunde trotzdem, denn es waren tatsächlich fast zwanzig Jahre vergangen, als er 1954 gegen den Ägypter Drobny verloren hatte. Zwei Jahre später stand er zum zweiten Mal im Finale, diesmal gegen seinen Landsmann Hoad. Doch erneut klappte der große Erfolg nicht. Frustriert verließ Rosewall das Amateurlager, unterschrieb einen Profivertrag und war somit von Wimbledon bis 1968 ausgeschlossen. Erst danach öffnete sich der All England Lawn Club wieder für alle Spieler.

Man konnte es kaum glauben, als er sich 1970, vierzehn Jahre nach seinem letzten Auftritt, erneut ins Endspiel kämpfte. Und wieder versagten Rosewall die Nerven, diesmal unterlag er gegen John Newcombe – und träumte weiter.

Schon jetzt war die Welt mit Respekt und Ehrfurcht ob dieser Leistung erfüllt, und als er 1974 wieder auf dem Centre Court einlief, war Rosewall ein Held. Jeder Tennisliebhaber gönnte ihm nichts mehr als endlich einen Sieg.

Trotz des Dauerregens meldete Wimbledon einen neuen Zuschauerrekord: 305 625, über 4000 Menschen mehr als im Rekordjahr 1967. Sie kamen vor allem, weil sie sehen wollten, wie ihr Ken dem ungeliebten Jimmy Connors eine Lehrstunde erteilte.

Rosewall war zu diesem Zeitpunkt schon 39 Jahre alt und hatte auf seinem Weg ins Finale den an Nummer eins gesetzten John Newcombe besiegt. Selbst der große Favorit Stan Smith hatte ihn in einem dreieinhalbstündigen Kampf nicht aufhalten können. Jetzt stand ihm Connors gegenüber, die 21-jährige Nummer eins der Amerikaner. Die Briten mochten ihn nicht, aber sie gaben zu, dass er auf seine Art faszinierte. Der Reiz des ersten Rüpels.

Wenn er spielte, waren die Courts voll. »Keiner von denen wollte mich siegen sehen, ich hatte nicht mehr als acht Freunde auf der Tribüne«, so Connors damals. Darunter sein Trainer Pancho Segura, seine Mutter Gloria und seine Verlobte und Siegerin des Damenfinales Chris Evert. Auch die Freundin gönnte ihm niemand. Zu großspurig, blasiert und respektlos trat er nach seinem ersten Grand-Slam-Sieg in Australien hier in Wimbledon auf.

Nach nur 93 Minuten begriff allerdings jeder auf dem Court, dass man Jimmy Connors so schnell nicht mehr loswerden würde. Ob jemand ahnte, dass auch er noch in zwanzig Jahren dort stehen und man ihn später ähnlich lieben würde?

Damals bestimmt nicht. Er blieb zunächst unbeliebt, auch weil er an diesem Finaltag den Wechsel in eine neue Tennis-Ära einleitete. Es war das bestbesetzte Turnier seit Jahren mit allen alten Stars der damaligen Szene, und die Jüngsten setzten sich durch – auch beschleunigt durch den, wegen des anhaltenden Regens, gestrafften Zeitplan. Er zwang die Spieler in der letzten Woche zum Dauereinsatz.

Jedem war bewusst, dass ein junger Spieler wie Connors schneller regenerierte als Rosewall. »Aber das wollte ich selbst nicht wahrhaben«, sagte der Australier, »und schon gar nicht als Entschuldigung anbringen.«

Auch rein äußerlich schien bei den Männern eine neue Zeit eingeleitet: Rosewall mit sauber gezogenem Scheitel im Kurzhaar-

»Er schlägt mit allem, was er hat«, sagte ein Gegner; beidhändiger Return gegen Ken Rosewall

Ken Rosewall (r.) ist machtlos gegen Connors' Schläge.

schnitt, Connors klebten die langen Haare über den Ohren. Es war wie ein Treffen zwischen dem traditionsbewussten Vater und dem rebellierenden Sohn. Die Moderne übertrumpfte die Vergangenheit.

Bei eigenem Aufschlag ging Rosewall 1:0 in Führung. Zum ersten Mal hatte er seine Frau Wilma und die Söhne Brett und Glenn nach England fliegen lassen. Sein entschlossener Blick traf sie in der Loge. Sie nickten stolz und pressten ihre Hände ineinander. Dann holte Linkshänder Connors zehn Spiele in Folge und penetrierte Rosewall mit seinen Linkshänder-Aufschlägen. Die englischen Zeitungen hatten sie »Torpedos« getauft. Dagegen wirkten die Aufschläge von Rosewall wie Einwürfe. Connors Trainer Pancho Segura hatte ihm den Rat gegeben: »Serviere in die Mitte des Courts, so dass Rosewall keine Chance hat, seine Winkelbälle zu spielen.«

Erst Connors Doppelfehler beim Stand von 4:0 im zweiten Satz ließ Rosewall wieder atmen: Er holte zum 4:5 auf, bevor ihn Connors erneut über den Court hetzte. Vorhand, Rückhand mit einer

nie zuvor registrierten Wucht und auf dem geschundenen Rasen um so schwerer zu berechnen.

»Wie der Boxweltmeister Joe Frazier. Er gibt nie auf, schlägt mit allem, was er hat, drauf. Man hat kaum eine Chance gegen ihn. Ich habe noch nie gegen solch einen Gegner gespielt.« Den Vergleich fand der New Yorker Dick Stockton, der an Connors im Halbfinale gescheitert war. Connors selbst sagte: »Ich esse Tennis, ich atme Tennis, ich schlafe Tennis. Das muss ich, um ein großer Spieler zu werden. Der Beste.«

Am Ende des Jahres 1974 stand er an der Spitze der ATP-Weltrangliste und gewann auch die US Open. Wahrscheinlich hätte er in jenem Jahr den Grand Slam geschafft, aber die Franzosen lagen im Streit mit den Profis und Connors durfte nicht starten. Aus Wut strich er die French Open bis 1979 aus seinem Terminkalender und vermasselte so sich selbst den ganz großen Triumph.

Um so entschlossener stürmte er an jenem Tag gegen Rosewall ans Netz. Obwohl Connors nur 1,78 Meter groß war und 70 Kilogramm wog, schaffte er es, mächtig Eindruck auf Rosewall zu machen. »Muscles«, so Rosewalls Spitzname wegen seines austrainierten Körpers und seiner stämmigen Beine, wirkte gegen ihn fast zerbrechlich. Holte Connors zum Volley aus, gab es nur zwei Möglichkeiten: Entweder Connors drosch selbst ins Aus, dann war es ein Punkt für Rosewall, oder er ging ins Feld, dann war es ein Punkt für Connors.

Zu diesem Zeitpunkt ignorierte der Amerikaner schon lange das Publikum. »Ich spielte nur für mich.« Seine drei Matchbälle beschrieb Connors so: »Es stand 40:0, boom, boom, boom. Ken spielte zwei großartige Bälle, aber ich habe den dritten verwandelt.« Man musste sich auch an eine neue Sprache gewöhnen.

Mit Jimmy Connors zog das Temperament in Wimbledon ein. »Als ich zuerst hierher kam, hatten die Leute und ich offensichtlich unterschiedliche Auffassungen, mit anderen Worten: Es gab Streit.« Ein Aufreger, wie er das Handtuch durch die Luft wirbelte, um es dann auf den Boden zu schlagen, als wollte er den Rasen wie einen dreckigen Teppich ausklopfen. Oder wie er die Schiedsrichter bei

Lauter Bösewichte ...

Mit einem bisschen Glück oder auch Pech wäre es 1974 zu einem Finale der besondern Art gekommen – eines, wie es Wimbledon noch nie erlebt hatte: Ilie Nastase gegen Jimmy Connors. Doch der Rumäne, in den siebziger Jahren einer der besten Tennisspieler der Welt, kurz vor Wimbledon noch die Nummer eins der Weltrangliste, schied wie immer im Einzel vorher aus. Diesmal im Viertelfinale. Ein Jahr zuvor holte er sich mit Partner Ion Tiriac immerhin den Pokal im Doppel. Der Sport-Manager schwört noch heute: »Es gab keinen Spieler mit besserem Ballgefühl als ihn.« Aber auch keinen mit

*Ein Kuss dem Pokal
nach drei Sätzen*

schlechterem Benehmen.
Nastase war es schlicht-
weg egal, was andere von
ihm dachten. Schieds-
richterbeleidigungen à la
McEnroe waren noch die
harmloseren Ausbrüche.
Ohne Schnöseligkeiten
im Stile eines Jimmy
Connors ging es gar
nicht. Dazu beleidigte
er die Zuschauer, ver-
schlug absichtlich Bälle,
um sie zu ärgern und
prügelte sich sogar auf
dem Platz. Aber wie bei
Jimmy Connors und
später John McEnroe
waren die Courts auch
bei ihm immer gefüllt.
Wäre es 1974 zu der
Begegnung Nastase –
Connors gekommen,
man hätte wohl wegen
Überfüllung schließen
müssen.

Entscheidungen gegen ihn angiftete. Die Lippen waren dabei schmal wie ein Strich, die Nasenwurzel stark gekräuselt und der Kopf wie bei einer Hyäne vorgeschoben. Rod Laver lästerte nach einer dieser streitbaren Situationen: »Er denkt, er sei die schönste Erfindung seit der Limonade Seven-up.«

Connors brauchte das alles, um sich aufzuputschen. Er beschrieb sich gerne als »ein Tier mit Schaum vor dem Maul und Tollwut«. Er konnte aber auch anders, für Ken Rosewall und das Publikum fand er diese Worte: »Er ist der beste Tennisspieler, der nie Wimbledon gewann. Ich verstehe, dass alle traurig sind, weil Ken verloren hat, vielleicht werden sie irgendwann auch mal meinetwegen sentimental.«

Frühe Hoffnung, späte Erfüllung. Zunächst wurde Connors sentimental: »Seit meinem sechsten Lebensjahr träume ich von einem Sieg in Wimbledon. Ich weine, weil ich weiß, wenn man nicht Rod Laver oder John Newcombe heißt, kann es das einzige und letzte Mal sein, dass man hier als Sieger steht.« Die Tränen hätte er nicht vergießen müssen, denn auch 1982 hielt er noch einmal den Pokal hoch, da war er 29 Jahre alt und dachte noch lange nicht ans Aufhören.

Fünf Jahre später besiegte ihn Pat Cash im Halbfinale, und das Publikum in Wimbledon wurde zum ersten Mal seinetwegen sentimental. Connors war da 35 Jahre, und wiederum ein paar Jahre später sagte er: »Das Leben als Tennisspieler ist die Hölle. Ich möchte nicht, dass meine Kinder Tennisspieler werden. Jeder sieht nur den Glanz und die Glorie auf dem Centre Court. Was man nicht sieht, ist das Rumhängen in den Umkleidekabinen, wenn es tage-lang regnet, das stundenlange Training und all die anderen Dinge, die man tun muss, um überhaupt auf den Centre Court zu dürfen.«

Jetzt war es endgültig Zeit, sich zu verabschieden – mit 39 Jahren, dem Alter, in dem Ken Rosewall damals gegen ihn in Wimbledon gespielt hatte.

4. Juli 1975

Billy Jean King – Evonne Cawley 6:0 6:1

Blitzsieg der Königin

Wer im Stau stand, hatte kaum Glück, diese Sternstunde noch live mitzuerleben. Denn selten wurde eine Verspätung so bestraft wie an diesem 4. Juli 1975, als Billy Jean King im Damen-Endspiel ihren wohl größten Auftritt in Wimbledon hatte.

Es war der sechste und letzte Einzelsieg der Amerikanerin, und dazu benötigte sie nur 39 Minuten, dann hatte Evonne Cawley nach dem 6:0 und 6:1 quasi abgeschlossen.

In den Geschichtsbüchern war bisher nur einmal ein ähnliches Final-Ergebnis notiert worden, als 1951 die Amerikanerin Doris Hart ihre Team-Kollegin Shirley Frey mit 6:1 und 6:0 geschlagen hatte. Aber das war noch vor dem Krieg und zu einer Zeit gewesen, als Profis auf der Tour noch nicht zugelassen waren. Der Sieg von Billy Jean King war anders zu bewerten. Es war ein Spiel, von dem sie selbst sagte: »Alles war perfekt.«

Dabei war es ihr 19. Titel auf dem heiligen Rasen. Nur die Amerikanerin Elizabeth Ryan war genauso erfolgreich. Billy Jean King war an diesem Tag 31 Jahre alt, und im Anschluss an diesen Sieg gab sie ihren Rücktritt von der Einzelkonkurrenz in Wimbledon bekannt. Sie sagte nach dem Spiel:»Was gibt es Schöneres, als meine Karriere als Einzelspielerin so zu beenden. Ich kann mir nichts Besseres vorstellen. Als ich klein war, wollte ich Wimbledon gewinnen. Jetzt ist es mir seit meinem ersten Sieg 1966 sechsmal gelungen, und ich kann es immer noch nicht glauben.«

So wenig wie Evonne Cawley diese Niederlage begreifen konnte. Als Kind hatte sie im Auto des Vaters Tennisbälle gefunden. Täglich

Ein schneller Auftritt. Nach 39 Minuten konnte sich Billy Jean King die Schale abholen.

spielte sie die gegen eine Wand und notierte jedes Mal, wie oft sie es ohne Unterbrechung schaffte. Beim Match gegen Billy Jean King kam Cawley häufig nicht über eine »eins« hinaus. Das Einzige, worüber sich Evonne Cawley freuen konnte, war, dass das Spiel endlich vorbei war: »Eine Erlösung.«

Es begann wie immer an einem Freitag pünktlich um 14 Uhr. Es war sommerlich warm, wie schon während des gesamten Turniers. Die Briten jubelten: »Endlich perfektes Tennis-Wetter.« Die Australierin hatte den ersten Aufschlag. Sie startete mit einem Doppelfehler und gab ihren Service ab – 0:1.

Die folgenden Minuten waren die einzigen dieses Endspiels, in denen Cawley ihrer Gegnerin Billy Jean King noch ansatzweise Probleme bereitete. Da blitzte kurz ihr Ballgefühl, ihre Wendigkeit und ihr Instinkt für den richtigen Schlag auf. Es war das zweite Spiel im ersten Satz. Cawley hatte sich den Einstand erarbeitet, und Billy Jean King benötigte sechs Anläufe, um sich das 2:0 zu sichern.

Nach 18 Minuten war der erste Satz vorbei, und schon stand es 6:0 für Billy Jean King. Cawleys Trainer Vic Edwards, der sie seit ihrem neunten Lebensjahr trainierte und später adoptierte, schaute etwas verschämt zu Boden. Wäre es das erste Finale von Evonne gewesen, es wäre die einzige Entschuldigung gewesen, die er akzeptiert hätte. Doch das war es nicht, da sie 1971 das Finale an gleicher Stelle gewonnen hatte.

Es gab zwei Erklärungen für diese Vorstellung. Eine fand ihre damalige Gegnerin, die Russin Olga Morozova: »Evonnes Stärke war immer, dass sie sich in ihrem Leben niemals darum geschert hat, ob sie gewinnt oder verliert, aber diesmal wollte sie zum ersten Mal in ihrer Karriere gewinnen.«

Die andere fand Edwards: »Evonne hat seit zwei Wochen nicht mehr mit mir trainiert. Ich wartet bis heute auf ihren Anruf.«

Der Grund, der beide Theorien nährte, war jedoch derselbe: ein Mann. Vor zwei Wochen hatte Evonne heimlich Roger Cawley geheiratet. Seitdem hatte sie das Training eingestellt.

Aber auch Olga Morozovas Erklärung hatte großen Wahrheitsgehalt. Denn Cawley gab zu: »Ich wollte den Sieg Roger widmen.

Der sechste Einzeltitel in Wimbledon ist unter Dach und Fach.

Der Kampf der Geschlechter

Emmeline Pankhurst gilt als die Pionierin der Frauenbewegung. 1903 kämpfte sie für mehr politische Rechte. Billy Jean King ist eine ihre Nachfolgerinnen, denn 63 Jahre später setzte auch sie sich für Gleichberechtigung ein.

Für Martina Navratilova ist sie die »Wegbereiterin des modernen Damentennis«. King empfand es als ungerecht, dass Frauen nach der Professionalisierung 1968 im Gegensatz zu den Herren weniger oder gar kein Preisgeld bekamen.

Als Jack Kramer, Wimbledon-Sieger von 1947, ein Turnier in den USA veranstaltete und für die Männer 50 000 Dollar, die Frauen nur 7500 Dollar als Preisgeld ausschrieb, veranstaltete Billy Jean King eine Konkurrenz-Veranstaltung.

Zwar wurde sie für diese Aktion vom Verband gesperrt, aber innerhalb eines Jahres stieg das Preisgeld auf 200 000 Dollar. Die unsinnige Nebenerscheinung war, dass zwei Profi-Serien entstanden. Wieder war es Billy Jean King, die sich für eine Einigung einsetzte. Sie gründete die »Womens International Tennis Association«- heute **WTA** – und wurde ihre Präsidentin. Um auch der Öffentlichkeit zu demonstrieren, wie stark Frauen-Tennis ist, forderte King, damals 29 Jahre alt, den 24 Jahre älteren Wimbledon-Sieger von 1939, Bobby Riggs, zum Kampf der Geschlechter auf. Ungefähr fünfzig Millionen TV-Zuschauer weltweit sahen ihren Sieg, und das Frauentennis war endgültig akzeptiert.

Das hat mir die Lockerheit genommen.« Für das Publikum war dieses schwache Spiel von Cawley bei gleichzeitiger Überlegenheit von King unerklärlich. Da standen sich die Nummer eins aus Amerika und die Nummer zwei aus Australien gegenüber.

Sie suchten fieberhaft nach Evonne Goolagong, aber sie sahen nur Mrs. Cawley. Diejenigen, die nicht glauben wollten, was sie hier zu sehen bekamen, beschwörten Cawley noch mit einem »Come on, Evonne«.

Erst fünf Jahre später erhörte die Frau, deren Vorfahren zu den Ureinwohnern Australiens gehörten, diese Rufe. Sie gewann gegen Tracy Austin mit 6:1 und 7:6 und dachte, bevor sie den Court betrat, an das Finale 1975. So wollte sie nicht mehr verlieren …

Denn damals hatte der zweite Satz nur drei Minuten länger gedauert als der erste. Billy Jean King und Evonne Cawley mussten sich nicht einmal ausruhen zwischen den Seitenwechseln. Dabei hatte die Turnierleitung erstmals Stühle zum kurzen Verschnaufen bereitgestellt.

Schon während des Spiels dachte King: »Warum auch immer, ich wusste bei jedem ihrer Schläge schon vorher, wo er hingeht. Es musste Evonne zur Verzweiflung treiben.« King verbrachte den

1972 dauerte es noch etwas länger. Gegen Evonne Goolagong (damals noch nicht verheiratete Cawley) benötigte Billy Jean King 52 Minuten. Das Ergebnis lautete 6:3, 6:3.

zweiten Satz fast ausschließlich am Netz. Während Cawley tatsächlich verzweifelte, versöhnte King die 15 000 Zuschauer mit einer beeindruckenden Statistik: Sie machte nur dreizehn Fehler, und sechzehn ihrer 27 Gewinnschläge gelangen ihr mit attraktiven Volleys. Der Letzte davon war ihr Matchball, ein Vorhand-Volley, cross gespielt – perfekt.

Nach diesem letzten Punkt ließ sie den Schläger auf den Boden fallen, ging in die Knie und strahlte in den Himmel. Die Haare standen lockig ab, ihre Brille verrutschte ein wenig. Dann drückte sie die Verliererin und verabschiedete sich vom Publikum, die in diesem Moment an einen Abschied für immer dachten.

Aber auch Billy Jean King, eine Frau, die sich und andere beim Wort nahm, scheiterte an ihren eigenen Vorhaben. Sie konnte nicht aufhören und überlistete sich selbst, indem sie nicht im Einzel, sondern nur im Doppel auf dem Rasen antrat.

1979 gewann sie gemeinsam mit Martina Navratilova. Es war ihr zwanzigster Sieg, und jetzt hatte sie sechs Einzelerfolge, dazu zehn Doppel – und vier Mixed-Siege vorzuweisen. Wieder sprach sie von Rücktritt, und wieder verwarf sie ihre Pläne. Es musste eben an Wimbledon liegen. Sie liebte die Atmosphäre so sehr, dass sie 1981 sogar ihr Versprechen von 1975 auflöste. Auf einem Nebencourt feierte sie ihren hundertsten Einzelsieg in Wimbledon und zwei Jahre später noch einmal den Einzug ins Halbfinale, da war sie bereits 39 Jahre alt.

Warum auch aufhören, wenn der Erfolg noch da ist, denn immerhin siegte sie in 264 Spielen in Wimbledon 224-mal. Im Einzel verlor sie nur fünfzehn Spiele. Ein Rekord, der wohl ewig halten wird. Billy Jean King, so behaupten die Spielerinnen heute, war die wichtigste Frau der Tennis-Geschichte. Martina Navratilova bezeichnet sie immer wieder »als die Wegbereiterin des modernen Damentennis«.

Die Engländer sahen die zierliche Spielerin noch aus einem anderen Grund gerne auf ihrem All-England-Rasen. Jedes Jahr überraschte sie mit einer neuen Brille. Mal sportlich, mal exzentrisch, mal mit und mal gegen die Mode, auf jeden Fall immer unberechenbar.

5. Juli 1975

Arthur Ashe – Jimmy Connors 6:1 6:1 5:7 6:4

Endspiel der Gegensätze

Ein Finale mit einer gewissen Brisanz«, so schrieben die Briten über das Endspiel des Jahres 1975. »Das Finale der Feinde«, titelten die amerikanischen Zeitungen. In die Geschichtsbücher ging dieses Spiel besonders als das erste rein amerikanische Endspiel seit 28 Jahren ein, als an diesem Nachmittag der 31-jährige Arthur Ashe gegen den gerade zwanzig Jahre alten Jimmy Connors antrat.

Sollte Ashe dieses Spiel gewinnen, wäre er der erste männliche schwarze Wimbledon-Sieger. Doch darüber wollte vorher keiner so richtig reden.

Zunächst drehte sich alles um die Tatsache, dass Jimmy Connors seinen Gegner auf fünf Millionen Dollar verklagt hatte, weil der ihn öffentlich »einen patriotischen Schwätzer« genannt hatte. Hintergrund des Streits war die Weigerung Connors, beim Davis Cup mitzuspielen, denn er spielte lieber für Geld bei einem Schauturnier statt für sein Land.

Ashe hingegen liebte das Spiel in der Nationalmannschaft, mit der er 1970 siegte. Beide konnten sich zu diesem Zeitpunkt tatsächlich wirklich nicht leiden.

Ashe hatte auf dem Weg ins Finale Björn Borg und den Australier Tony Roche geschlagen, was Connors offensichtlich ärgerte. Rotzig trat er außerhalb des Courts auf, motzig sah man ihn auf den Trainingsplätzen für das Finale trainieren.

Ashe konnte mit diesen Launen blendend umgehen und provozierte den rüpeligen Connors, wann immer es ihm möglich war – auch in diesem Finale. Er kam in seinem blauen Davis-Cup-Anzug

Triumph des ersten schwarzen Spielers im weißen Sport. Der Befreiungsschlag des Arthur Ashe.

mit den großen roten USA-Buchstaben auf der Brust, und nach seinem Sieg brachte er mit dem Wimbledon-Pokal in der Hand diesen Satz unter das Volk: »Das ist der zweitgrößte Erfolg meines Lebens, den größten und schönsten hatte ich, als ich mit dem US-Team den Davis Cup holte.«

Connors war als gesetzte Nummer eins des Turniers für die Wettbüros der Favorit. Für seinen Sieg hätte man bei zwanzig Pfund gerade mal dreiundzwanzig Pfund ausgezahlt bekommen. Diese Begegnung lockte 16 909 Zuschauer an, Wimbledon meldete mal wieder einen neuen Zuschauerrekord. Und die Zuschauer staunten nicht schlecht, denn Ashe gewann den ersten Satz mit sechs Spielen in Folge in nur zwanzig Minuten. Auch Durchgang zwei ging an ihn, diesmal in 25 Minuten.

Das war der Zeitpunkt, als sich ein Fan nicht mehr zurückhalten konnte. Als Connors das neunte Spiel in Folge verlor, brüllte er: »Come on, Connors.« Der Amerikaner stutzte, drehte sich um und schrie zurück: »I'm trying, for Christ's sake!«

Der *Observer* schrieb später über diese 45 Minuten: »Ashe spielte ein Tennis, aus dem Träume gemacht werden.« Connors versuchte sich mit einer sachlicheren Erklärung: »Vorhand, Returns, Aufschläge, Arthur gelang alles sehr gut. Mir eher weniger.« Ashe hatte Connors im Viertel- und im Halbfinale beobachtet und kam zur Erkenntnis, dass Spins und Tempowechsel Connors mehr beeindrucken würden als die harten, trockenen Schläge.

Genauso gewann er dieses Spiel, sein Finale, das eine echte Sternstunde wurde. Er variierte seinen ersten Service und nahm Connors durch geschickte Tempowechsel die Chance, harte Schläge noch härter zurückzuspielen. Dazu veränderte er ständig den Spin des Balls und machte es Connors unmöglich, sich auf sein Spiel einzustellen. 6:1 und 6:1 leuchtete es von der elektronischen Anzeigetafel auf den Favoriten herab.

Anschließend musste das Spiel für einige Sekunden unterbrochen werden, weil eine Taube im Tiefflug über dem Court kreiste. Zeit für Connors, seine Nerven zu beruhigen. Im fünften Spiel gab er zwar seinen ersten Aufschlag ab, doch auf einmal erkannte die

kämpfte auf Veranstaltungen um Akzeptanz und Toleranz für diese Krankheit, wie er zuvor schon um dieselben Werte für die Schwarzen gekämpft hatte. Und wieder hörten ihm alle zu.
Beim Welt-Aids-Tag sprach er vor der UNO: »Während meiner siebenminütigen Rede infizieren sich gerade 29 Menschen mit Aids«, mahnte er. Wie durch ein Wunder hatte er seine Frau nicht angesteckt. Jahre später gründete ein weiterer prominenter Spieler eine Stiftung für Aidskranke – Michael Stich. Seine Frau Jessica hatte ihren ehemaligen Freund, Tennis-Profi Michael Westphal, ebenfalls durch diese tückische Krankheit verloren.

Connors wehrt sich.
Spins und Tempowechsel
beeindruckten ihn.

Tenniswelt in Connors den Champion des Vorjahres wieder. Er schickte seine Bälle so scharf an die Linien, dass Ashe nicht mehr zum Volleyspiel kam. Er konnte nur noch seinen Schläger hinhalten, so dass die hart geschossenen Bälle orientierungslos abprallten.

Connors sicherte sich den dritten Satz mit 7:5 und übernahm auch im vierten Satz die Führung zum 3:0 – ein Blick zu seiner Mutter auf die Tribüne, die ihn aufmunterte, genauso weiterzumachen.

Alle, die vor Minuten noch Ashe als klaren Sieger sahen, erlebten den Genuss der sportlichen Wiederauferstehung Connors'. Aber Ashe hatte für sich eine Mission zu erfüllen. Er war schon 31 Jahre alt, hatte bereits achtmal versucht, in Wimbledon zu gewinnen, und jetzt wollte er endlich Geschichte schreiben und als erster Schwarzer auf dem heiligen Rasen siegen.

Erst brachte er seinen Aufschlag durch, dann gelang ihm das Break zum 2:3. Für Connors der entscheidende Moment des Spiels: »Ich hatte Aufschlag und einen Ball, um das 4:1 zu machen, aber das gelang mir nicht. Vielleicht wäre dann das Spiel anders verlaufen.«

Statt dessen gelang Arthur Ashe der Ausgleich zum 4:4, und er zwang Connors zu weiteren Fehlern: Den nächsten Ball wähnte er im Aus, dann passierte ihn eine Rückhand, und einen leichten Vorhand-Schlag versenkte Connors im Netz: 5:4.

Seitenwechsel vor dem Aufschlag Arthur Ashe, und wie schon zuvor nutzte er die Zeit für seine 25-Sekunden-Meditation. Die Augen geschlossen, den Hals mit der Silberkette leicht überstreckt, seine Hände legten sich eine Taktik zurecht – Serve and Volley. »Keiner konnte mich dazu bringen, diesen Plan zu ändern.«

In seinem Rücken saß Jimmy Connors in betont lässiger Pose, meist mit einem Arm über die Lehne, um zu demonstrieren, dass ihn das alles nicht interessierte.

Connors gelang es nur noch einmal, Ashe zu passieren. Es stand 40:15, Ashe hatte zwei Matchbälle und verwandelte gleich den ersten. Es waren exakt zwei Stunden und fünf Minuten gespielt, als Ashe einen harten Aufschlag in die Ecke schickte, den Connors nur

mit Mühe annahm und in hohem Bogen über das Netz returnierte. Die Menge, auch der Connors-Clan, applaudierte schon, bevor ihn Ashe vernichtend zurückschmetterte.

Arthur Ashe, der als Kind nie das Recht hatte, in einen Club einzutreten, stammte aus Richmond und hatte siebzehn Jahre nach Althea Gibsons Sieg als erster Schwarzer das Turnier in Wimbledon gewonnen.

Die Tenniswelt gönnte Ashe diesen großen Titel, lag der letzte Grand-Slam-Sieg bei den Australian Open doch schon fünf Jahre zurück. Ashe reckte eine Faust in den Himmel, Connors ballte beide in der Tasche.

Dann hielten die Beobachter erneut den Atem an, es kam zum Händeschütteln am Netz. Wie würden sich beide verhalten? Ein Druck, ein Sekundenblick in die Augen des Gegners, mehr aber

Das Publikum hielt den Atem an. Und die Gegner sagten kein einziges Wort.

auch nicht. Ashe rechtfertigte es so: »Er sagte nichts, da sagte ich auch nichts.« Dafür sagte Ashe später noch diesen Satz: »Ich habe noch bis nach Mitternacht im Playboy-Club Black Jack gespielt und 110 Pfund gewonnen.«

Ausgerechnet der brave Ashe hatte vor dem Finale die Nacht im Spielcasino verbracht. Der studierte Politikwissenschaftler und Bürgerrechtler hatte damit noch einen letzten Seitenhieb Richtung Connors gesetzt. Später kam es endlich zur Versöhnung.

Der Wimbledon-Sieger war in der Zeit der Apartheid ein Botschafter der Schwarzen. Sein größter Erfolg war ein Tennisspiel in Südafrika, das erstmals nicht vor nach Hautfarbe getrennten Tribünen stattfand.

Von IOC-Präsdent Samaranch bekam er den Olympischen Orden für »seinen unermüdlichen Einsatz für die Belange der Schwarzen« überreicht, von der UNESCO den Pierre-de-Coubertin-Preis.

Für dieses Lebenswerk bewunderte ihn auch Jimmy Connors. Beim Arthur Ashe Challenge Day 1992 bewegte er 10 000 Zuschauer mit diesen Worten: »Arthur Ashe ist ein Klassemensch, durch und durch.«

Wenige Monate später, am 6. Februar 1993, starb Arthur Ashe an Aids – ausgelöst durch eine Lungenentzündung. Infiziert hatte er sich mit der Krankheit 1983 durch eine Blutinfusion, die er für seine Bypass-Operation benötigte. Chris Evert konnte nie verstehen, dass »das alles einem so großartigen Menschen widerfahren konnte«.

Arthur Ashe selbst wollte nie über das Sterben nachdenken. Noch kurz vor seinem Tod sagte er: »Ich muss niemandem Leid tun. Ich fühle mich nicht als Opfer.«

Björn Borg – Vitas Gerulaitis 3:6 6:2 6:1 5:7 6:4

Ein Halbfinale als Endspiel

Der Puls pochte im Hals, die Hände glibberten aneinander. Fast traute man sich nicht zu zwinkern, aus Angst, einen entscheidenden Ball zu verpassen. Aber das, was wirklich Nerven kostete, war die Tatsache, dass die Akteure scheinbar keine Nerven hatten.

Björn Borg, zu dem das Wort äußerliche Aufregung so wenig passte wie zur englischen Königinmutter, und Vitas Gerulaitis, der es verstand, mit dem stoischen Neuwickeln seines Schlägers den Beobachter quasi zur Verzweiflung zu treiben. Zwei sehr gute Freunde, die eines der brillantesten Matches der Tennisgeschichte spielten.

Der Amerikaner Gerulaitis hatte es noch nie zuvor ins Finale von Wimbledon geschafft und wollte nun endlich seinen Traum verwirklichen. Sein geschicktes Serve-and-Volleyspiel war wie geschaffen für den Rasenbelag – im Gegensatz zum Grundlinien-Genie Björn Borg, dem man nachsagte, er könne mit seinem Spiel nur auf Sand gewinnen. In diesem Turnier wollte der Schwede beweisen, dass sein Vorjahressieg kein Zufall war und er ebenso viel Reaktionsvermögen, Schnelligkeit und Gefühl hatte, wie es für das Spiel auf Rasen erforderlich war.

Es war der 30. Juni 1977. An diesem Tag wurden 99 Prozent der Punkte gewonnen und nicht durch Fehler verloren. Wimbledon feierte seinen hundertsten Geburtstag mit einer wirklichen Sternstunde. Überall roch es nach neuer Farbe, erstmals waren auch Ballmädchen zugelassen, und die Anlage wurde extra hübsch dekoriert.

Der zweite Sieg in Folge. Björn Borg wird es dabei nicht belassen. Aber die Sternstunde gab es im Halbfinale.

Es war ein kühler Tag, aber immerhin ohne Regen. Auf dem Centre Court hatten sich rund 15 000 Menschen eingefunden, die Zeugen einer Demonstration auf höchsten Niveau wurden. Einig über das gerade Erlebte standen sie nach dem Matchball auf und applaudierten, bis die Spieler in den Kabinen verschwanden. Da war selbst das Ergebnis zur Nebensache geraten: 6:4, 3:6, 6:3, 3:6 und 8:6 hatte Borg in fünf stets umkämpften Sätzen gewonnen.

Zwei Tage später siegte der Schwede auch im Finale, ebenso wie in den drei folgenden Jahren, und ging als erster und bisher einziger Profi in die Geschichte Wimbledons ein, der fünfmal in Folge den Siegerpokal der All England Championchips am Turnierende küssen durfte.

Aber dieses Spiel gegen Vitas Gerulaitis war das einzige unter den 41 Siegen, nach dem er sagte: »Ich hatte Angst und war wirklich besorgt.« Ein erstaunlicher Satz aus dem Mund des Mannes, der angeblich nie die Beherrschung verlor.

Zum vierten Mal standen sich Borg und Gerulaitis gegenüber, erstmals in der Jugend, später in Teheran und Toronto, jetzt in Wimbledon. Bisher hatte immer Borg gewonnen.

Aufschlag zum Marathon von drei Stunden und fünf Minuten. Borg machte den ersten von insgesamt drei Doppelfehlern, umging das Break aber, indem er den Amerikaner von der Grundlinie aus zu einem Rückhand-Fehler zwang. Gerulaitis kämpfte gegen die gefährlichen Topspins Borgs. Das zweite Spiel ging an Vitas Gerulaitis. Er konterte Borgs Spiel mit vollendeten Netzattacken. Das 6:3 sicherte er sich mit einem unerreichbaren Rückhand-Volley.

Von Gerulaitis wusste man, dass er bei disziplinierter Lebensführung die eigentliche Nummer eins der Weltrangliste hätte sein müssen. Doch während sich Björn Borg nach, vor und zwischen den Spielen in seinem Hotel verkroch, fern sah oder Comics las, ging Gerulaitis lieber aus. »Ich schlief oftmals keine Nacht länger als zwei Stunden, Finalspiele mal ausgenommen.« Er war der Szenetyp der Endsiebziger, lange blonde Locken, immer in Begleitung schöner Frauen, und er liebte es, das Geld auszugeben, welches er gerade gewonnen hatte.

Vitas Gerulaitis attackiert Björn Borg. Am Schluss macht er einen entscheidenden Fehler.

Die britische Zeitung *Daily Telegraph* schrieb nach dem Halbfinale über ihn: »Seine Volleys erinnern uns an seine beiden Rolls Royce, sie haben die sanfte Kraft dieser wundervollen Autos.« Einer davon war gelb.

Mit genau diesen Volleys wehrte er sich im dritten Satz gegen Borgs frühes Break zum 2:0, verpasste es jedoch, im entscheidenden Moment präzise zu platzieren. Erst im vierten Spiel gelang Gerulaitis das 3:1 – nach 22 Punkten und achtmal Einstand. Jeder Ballwechsel wurde jetzt zum Ereignis, die Spannung steigerte sich ins Unerträgliche. Die Sekunden, in denen man auf den Aufschlag wartete, zogen sich, bis das Herz im Kopf pochte.

Borg gewann seinen zweiten Satz. Es waren jetzt 105 Minuten gespielt, und Borg hatte das Tennis in eine neue Dimension geführt. Er war der erste Tennisspieler, den die jungen Mädchen wie einen Popstar umschwärmten. Die amerikanische PR-Agentur McGormick vermarktete ihn, und Borg hatte bis zu 60 Werbeverträge, verdiente angeblich über 250 Millionen Dollar. Da wirkte das Preisgeld in Wimbledon zu der Zeit fast lächerlich. Vitas Gerulaitis bekam 4000 Pfund, die er noch am selben Abend in den Nachtclubs in London ausgab.

Björn Borgs Scheck nach seinem Fünfsatzsieg gegen Jimmy Connors war auf 17 000 Pfund ausgestellt. Davon blieb am Ende ebenfalls nichts mehr übrig. Allerdings verlor Borg sein Vermögen erst Anfang der neunziger Jahre, weil er kein Geschick für Geschäfte hatte.

Dabei gab es kaum jemanden, der Borg nicht kannte. Er löste einen Tennisboom aus. Sein Erkennungszeichen war das schmale Frottestirnband, dass seine langen Haaren bändigte und so auch ein bisschen zu seiner aufgeräumten Aura beitrug. Es wurde zum festen Bestandteil jedes Tennis-Outfits, genau wie seine beigefarbene Hose, das T-Shirt mit dem blauen Bruststreifen und die beidhändige Rückhand, die in allen Tennisschulen kopiert wurde.

Zurück zum Spiel und hinein in den vierten Satz: Zum ersten Mal ahnte das Publikum, warum sich Borg immer die Finger mit Klebeband umwickelte. Es war ein Schutz, um sich bei seinen har-

Borg erleichtert. Er hat schon die Niederlage kommen sehen.

Ein Bild, wie es die Fans
liebten. Die Tennis-
Kultfigur Ende der
siebziger Jahre

ten Aufschlägen keine Blasen zu holen. Sein Service kam fehlerfrei und präzise, doch die Returns von Gerulaitis waren besser.

Nach zwei Stunden und dreißig Minuten standen sich beide im fünften und entscheidenden Satz gegenüber, ohne auch nur einmal lamentiert, gebrüllt oder die Entscheidung des Schiedsrichters angezweifelt zu haben. Ein Beweis, dass dieses Match auf einer anderen Ebene ausgetragen wurde, einer rein sportlichen, geprägt von Anerkennung der gegnerischen Leistung. Dieses Spiel hatte keinen Verlierer verdient.

Gerulaitis nahm Borg den Aufschlag zum 3:2 ab und lag bei eigenem Service 40:30 in Führung. Borg: »In diesem Moment dachte ich, das verlierst du jetzt.« Doch Gerulaitis machte einen entscheidenden Fehler. Er blieb nach dem nächsten Aufschlag an der Grundlinie stehen, statt ans Netz vorzurücken, und sagte später über diese Entscheidung: »Das war entgegen meiner sonstigen Gewohnheit im wichtigsten Moment eines solchen Spieles. Es bricht mir das Herz, wenn ich denke, was hätte passieren können. Aber ich komme wieder, weil ich Wimbledon gewinnen will.« Es gelang ihm leider nie.

Borg wehrte den Aufschlag mit der Rückhand ab: Einstand. Gerulaitis nächster Volley ging ins Aus, und das Rebreak gelang Borg mit seiner Vorhand gegen die Rückhand des Gegners. Borg: »Als ich das schaffte, war ich wieder voller Zuversicht.«

Jetzt stand es 3:3, und es blieb ein Krimi bis zum 6:6. Dann stürmte Borg ohne Punktverlust zum 7:6. Die Entscheidung nahte, als Gerulaitis zum dritten Mal gegen die drohende Niederlage aufschlug.

Immer wieder tänzelte Borg auf der Stelle bei gleichzeitiger Kontrolle seiner Emotionen. Mit seinen eng stehenden Augen fixierte er den Ball: Ein Top-Spin-Lob, und es stand 15:40, was Matchball für den Schweden bedeutete. Es folgte der letzte Aufschlag von Gerulaitis auf Borgs Vorhand, wieder rückte er ein letztes Mal ans Netz vor, doch sein Volley landete im Aus.

Eine fast bedrückende Atmosphäre hing über dem Centre Court. Borg klemmte sich die Holzschläger unter den Arm, Gerulaitis packte sie in die Tasche. Erschöpft, gezeichnet, traurig. Borg war fast ein bisschen verlegen, als sie über den Court zum Ausgang gingen. Vorne Gerulaitis, Borg hinterher – ein letztes Zupfen am Stirnband, dann war auch er verschwunden. Der Applaus klang noch minutenlang nach, weil die Zuschauer wussten, dass sie gerade eigentlich ein Finale gesehen hatten und kein Halbfinale.

Sechs Wochen später stand Björn Borg an der ersten Stelle der Weltrangliste und blieb dort mit kleinen Unterbrechungen für 109 Wochen. Angst wie an diesem Tag sollte er nie wieder haben.

Ein Kuss besiegelt die enge Verbindung. Björn Borg will die Trophäe nicht mehr aus der Hand geben.

Martina Navratilova – Chris Evert 2:6 6:4 7:5

Ein bewegtes Leben

Es war das kälteste Wimbledon-Jahr in der 110-jährigen Geschichte. Die Erdbeeren waren grün, sauer und hart, statt wie sonst rot, süß und weich. Aber was interessierte schon Obst mit Sahne, wenn auf dem Centre Court ein Finale gespielt wurde. Wie dieses der Damen am 7. Juli 1978. Einige Stunden vor Beginn der Titelvergabe wurde derselbe Platz noch von einem Filmteam genutzt. Paramount Pictures drehte für den Spielfilm *The Player*.

Um vierzehn Uhr, wie immer wenn es nicht regnet, standen die echten Spielerinnen auf dem Platz. Final-Neuling Martina Navratilova (20) gegen die zwei Jahre ältere Nummer eins im Damentennis Chris Evert, die sich nach 1974 und 1976 ihren dritten Titel in Wimbledon sichern wollte.

Es war die Begegnung der in Amerika lebenden Exil-Tschechin mit der von den Briten geliebten Amerikanerin. Zwei, die sich gut kannten, hatten sie 1976 hier schon das Damen-Doppel gemeinsam gewonnen. Und die beiden jungen Frauen mochten sich.

Es war aber auch der Beginn eines einzigartigen Zweikampfs im Damentennis, der sich über acht Jahre bis 1986 zog und später nur noch die »Chris-and-Martina-Show« genannt wurde.

Erst Steffi Graf sollte später nach und nach Chris Evert ablösen, während Navratilova dem Sport noch viel länger erhalten blieb.

Martina Navratilova stand auf dem Platz und hatte, wie sie später sagte, »ihr Glückskleid« an: dunkler Nadelstreifen, dunkle Knöpfe und ein Matrosen-Kragen. Das Spiel dauerte 102 Minuten und wenige Sekunden.

Das strahlendste Lächeln für den ersten Sieg. Martina Navratilova 1978

Man hatte das Gefühl, dass selbst das Glück zwischen Volleys, Angriffen und Passierschlägen ins Taumeln geriet. In den ersten beiden Sätzen nahmen sie sich gegenseitig das Aufschlagspiel ab, dann stand der Plan von Chris Evert fest.

Evert wollte die Linkshänderin Martina hart auf der schwächeren Rückhand attackieren, was ihr tadellos gelang. Beim Stand von 2:2 erwirkte Navratilova noch zweimal den Einstand, danach gab sie alle Punkte ab, dazu raubte ihr ein Netzroller beim letzten Punkt noch die Konzentration. 27 Minuten später stand es 6:2 für Evert. Navratilova schaute suchend ins Publikum. Es war der Moment, als den Zuschauern ihr viel beschriebener Lebenswandel offenbar wurde: das begabte Ostblock-Mädchen, das sich in der USA dem Luxus-Leben ergab. 1975 beantragte Navratilova bei einem Turnier in Westchester in New York politisches Asyl. Ein mutiger Schritt, raus aus der kontrollierten und abgeriegelten Welt der Tschechoslowakei zur Zeit des Kalten Krieges, in das weltoffene Amerika. Aber auch weg von ihrem Stiefvater und erstem Trainer Mirak Navratil sowie Mutter und Schwester Jana. Da war sie achtzehn Jahre alt, und das Heimweh begann sie nach wenigen Wochen zu plagen. Die Erinnerungen an ihr Zuhause fütterte sie mit Hamburgern, Cola, Pommes und Eis. Den Drang nach einer Umarmung linderte sie mit dem Kauf eines neuen Schmuckstücks oder mit einer Fahrt in einem ihrer schnellen Luxusautos. Durch ihre Turniersiege wurde sie schnell zur Dollar-Millionärin und konnte sich diesen Lebensstandard leisten.

Man sagt, es gäbe eine besondere Beziehung auf diesem heiligen Rasen zwischen Publikum und Athlet. Es ist anzunehmen, dass Navratilova diese Gedanken durch den Kopf gingen. Fortan demonstrierte sie ein perfektes Netzspiel. Gab sie ihren ersten Aufschlag im zweiten Satz noch ab, erzwang sie im nächsten Spiel fünfmal den Einstand und nutzte ihren Vorteil zum 1:1. Das steigerte ihr Selbstbewusstsein, und bis zum 3:1 verlor sie nur einen Ballwechsel. Chris Evert sah kurzfristig etwas müde aus, als Navratilova ein Stopp-Volley mit dem Rahmen ihres Schlägers gelang und Schiedsrichter J. J. Shales anschließend seinen Linienrichter über-

Liebe kennt keine Grenzen

Den suchenden Blick auf die Tribüne hat sich Martina Navratilova bei all ihren Spielen in Wimbledon bewahrt. Wann immer sie auf dem Rasen pausierte, forderte sie den Blick der vertrauten Person ein. 1981 musste sie sich als lesbisch outen, allerdings nicht freiwillig, sondern weil ein Reporter das Geheimnis nicht für sich behalten konnte. Nun wusste es jeder, was in einer Zeit des verkrampften Umgangs mit Homosexualität sehr schwer war. Mit Martina Navratilova öffnete sich die Welt ein bisschen, besonders als sie sich für

ihre Minderheit öffentlich einsetzte. Ihren neunten Einzeltitel feierte sie 1990 mit ihrer Langzeitfreundin Judy Nelson. Erst suchte sie die Blicke, dann stürmte sie auf die Tribüne, umarmte erst ihre Motivationstrainerin Billy Jean King, dann Judy Nelson, und schon während dessen applaudierten die Zuschauer.
Spätestens als Nelson unter Tränen in alle Mikrofone sagte: »Dieser Titel war für sie das Größte, sie hat alles dafür getan«, hatte man das Gefühl, diese Liebe wird akzeptiert – sogar im traditionellen Wimbledon.

stimmte und einen »Aus-Ball« von Navratilova gut gab: 5:3. Ein Spiel konnte sich Chris Evert noch sichern, dann ging der Satz an Martina Navratilova. Es stand jetzt 2:6 und 6:4.

Wieder streifte der Blick Navratilovas die Zuschauer, wieder dachte man an das bewegte Leben des Stars. Wie das kleine Mädchen Martina nach der Schule zum Bahnhof lief, um nach Prag zu fahren, dort in die Straßenbahn nach Klamovaka umstieg und zu Fuß einen Hügel zum hoch gelegenen Tennisplatz bestieg. Dort trainierte sie, um ihrem Stiefvater am Abend erzählen zu können: »Ich werde mal eine berühmte Tennisspielerin.«

Martina Navratilova hatte alles daran gesetzt, ihre Eltern und ihre Schwester wenigstens für diese paar Tage nach England zu holen. Aber das Konsulat in Prag blieb hart. So reiste die Familie so nah wie möglich an die deutsche Grenze, um von dort das Tennisspiel wenigstens im Fernsehen zu sehen. Stiefvater Mirak hatte sie vor einigen Monaten noch am Telefon geneckt: »Wann gewinnst du endlich in Wimbledon?«

Das Märchen ging weiter mit dem dritten Satz auf dem Rasen von Wimbledon an der Church Road. Martina Navratilova startete überlegen, zwang Chris Evert zu Fehlern und ging mit 2:0 in Führung. Doch die beiden Damen buhlten gleichermaßen um die Gunst der Zuschauer, die sich ohnehin schon nicht mehr entscheiden konnten, welcher sie den Sieg eher gönnten. Martina Navratilova unterliefen im langen vierten Spiel einige Leichtsinnsfehler, statt sich mit einem 3:1 einen komfortablen Vorsprung zu sichern, brachte sie Evert mit 2:2 wieder ins Spiel.

Die gab daraufhin ihre defensive Spielweise auf und attackierte für ihren dritten Wimbledon-Sieg. Souverän entschied sie die nächsten zwei Spiele für sich. Das 4:2 gelang ihr sogar zu null. Martina Navratilova hatte sich die Nummer zwei der Weltrangliste unter anderem mit ihrer enormen Nervenstärke erarbeitet. Aufschlag, Vorrücken, Volleys aus allen Positionen, dazu half ein Netzroller, diesmal zu ihren Gunsten – plötzlich stand es wieder 4:4.

Da waren neunzig Minuten gespielt, und keine der beiden hinterließ bei den Zuschauern nur eine Ahnung, wer die mögliche Sie-

gerin sein könnte. Das 5:4 erkämpfte sich Chris Evert mit einem Lob, dem zweiten, der ihr in diesem Spiel gelang.

Martina Navratilova schaute erneut auf die Tribüne, als könnte sie wie durch ein Wunder ihre Familie entdecken. »Ich wünschte mir nichts sehnlicher«, gab sie später zu. Es war der Moment, in dem sie die Frage von Mirak Navratil hätte beantworten können. »Jetzt, jetzt gewinne ich mein erstes Wimbledon-Turnier.«

Sie brachte ihren Service ohne Punktverlust durch, wieder Einstand. Im Anschluss nahm sie Chris Evert den Aufschlag ab, der Amerikanerin gelang gerade mal ein Punkt. Ihr nächster Service gelang Navratilova erneut fehlerfrei – 7:5, der Sieg war perfekt.

Da stand sie nun lachend mit ihrem Matrosen-Kleidchen am Netz und streckte Chris Evert die Hand entgegen. Doch statt diese zu schütteln, strich Evert ihr übers Haar. Chris Evert, die bis dahin dominierende Nummer eins, die kühle Siegerin, die jeder anderen Frau Triumphe neidete. Es war eine nie gesehene Liebkosung in einem Wimbledon-Finale, die auf die Zuschauer wie ein Ritterschlag wirkte.

Chris Evert gewann von da an in Wimbledon nie mehr gegen Martina Navratilova, viermal sollten sie sich noch gegenüber stehen.

Sie kann das Glück nicht fassen. Martina Navratilova nach dem Überraschungssieg gegen Chris Evert

Die Königin hat ihre Nachfolgerin gefunden. In einem Wimbledon-Finale werden sie sich noch vier Mal gegenüber stehen. Aber Chris Evert wird gegen Martina Navratilova nie mehr gewinnen.

Martina Navratilova sagte später: »Ich fühlte so viele Gedanke aufsteigen, dass ich nicht wusste, was ich zuerst fühlen soll.«

Bei der Siegerehrung kamen die Zuschauer wieder zum Nachdenken über Martina Navratilova. Da stand sie, athletisch, aufrecht, stolz. Sie erinnerten sich daran, dass sie in den vergangenen Monaten eine Ernährungsberatung beansprucht hatte, die von Dr. Robert Haas. Dass ihr die US-Basketballspielerin Nancy Liebermann aggressives Spielverhalten beigebracht, die Psychologin Dr. Renee Richards mit ihr taktische Varianten durchgespielt und die Schriftstellerin Rita Mae neben dem Sport für Zerstreuung gesorgt hatte.

Damit hatte Navratilova den Profi-Tennis als erste Spielerin perfektioniert, ein Umdenken im Damentennis eingeleitet. Aus dieser Frau musste etwas werden. Sie gewann noch achtmal auf diesem Centre Court. Ein wahrhaftiges Märchen.

4. Juli 1981

John McEnroe – Björn Borg 4:6 7:6 7:6 6:4

Momente des Abschieds

Abschiede sind immer besondere Momente. Auch im Sport, wo sich der Zuschauer seinem Helden gerade in diesen Augenblicken viel näher fühlt. So wie bei Björn Borg. Auch der Abschied des Schweden ist legendär, war er doch gekoppelt an ein wunderbares Spiel.

Es sollte das letzte Finale sein, das Borg auf dem heiligen Rasen für sich entscheiden konnte. Wieder einmal hieß der Gegner im Jahr 1980 John McEnroe. Nachdem Björn Borg den ersten Satz 1:6 verloren hatte, ging er danach mit 7:5 und 6:3 in Führung. Im vierten Satz hatte er beim Stand von 5:4 zwei Matchbälle, die McEnroe abwehrte und Borg ins legendäre Tiebreak zwang, das der Schwede 16:18 verlor. McEnroe riskierte mit jedem Schlag mehr, so dass den Zuschauern der Atem stockte.

In einem letzten Aufbegehren schlug Borg den Unberechenbaren im fünften Satz doch noch mit 8:6 und holte sich so den fünften Wimbledon-Sieg in Folge.

Diese Bilder sind Bausteine einer kleinen Unsterblichkeit. Jetzt, nur ein Jahr später stand Björn Borg mit seinen 31 Jahren erneut auf dem Platz. Kein Alter, um ihn hier zum letzten Mal zu vermuten, aber das Gefühl gab den Beobachtern recht. Diesmal verlor er gegen den drei Jahre jüngeren McEnroe. Ein endgültiger Abschied.

Björn Borg und John McEnroe hatten eine eigenartige Symbiose entwickelt. Borg muss sich wie einst McEnroes Davis-Cup-Partner Arthur Ashe gefühlt haben, der einmal sagte: »John war der schwarze Engel meines eigenen verklemmten Geistes.«

John McEnroe stellt manches auf den Kopf. Die Pose des Siegers nach seinem Erfolg gegen den fünfmaligen schwedischen Champion.

Björn Borg und John McEnroe waren in den vergangenen Monaten zu einem perfekten Paar gereift. Sie brachten Magie in diese Tennis-Zeit. Der Schreier und der Schweiger. Der Hitzkopf und der Kühlschrank. Und jetzt sollte alles zu Ende sein. Wer sollte der neue Gegenpart zu diesem Flegel aus Amerika werden, der mit seinem wirrem Haar-Turban aussah wie der Schauspieler Jack Nicholson, wenn er einen Irren spielte, und sich vor allem auch so benahm? Das wusste McEnroe selbst nicht zu beantworten. Als Borg 1983 seinen Rücktritt bekannt gab, schüttelte er ratlos den Kopf und sagte immer wieder: »Ich verstehe es nicht.« Von den anderen Gegnern hielt er wenig. Er fand keinen Nachfolger für Borg.

Seine Sprüche für den Nachwuchs machten seine Verachtung deutlich: »Brave Jungs kommen schon mal unter die Top 20, aber sie hängen da nicht allzu lange rum.« Oder: »Es ist einfach langweilig.«

Einige Gegner fanden es eine Zumutung, mit ihm auf dem Platz zu stehen. Viele Schiedsrichter auch. Zumal sie üblere Sprüche ins Ohr geschrien bekamen: »Ich hol 'ne Rolle Klopapier für die Scheiße, die du hier entscheidest.« Manchmal wurde er noch verletzender: »Ich schieb dich zurück in deine Mutter.« Die Linienrichter waren »Hurensöhne«, die Linienrichterinnen »Schlampen«. Vor seinem Antritt in Wimbledon 1981 wurde seinetwegen ein Elternabend in einer Schule einberufen, weil er den Schiedsrichter zuletzt als »einen Haufen Dreck« beschimpft hatte. Daraufhin weigerte sich der Direktor, seine Schülerinnen als Ballmädchen abzustellen.

Wenn er spielte, waren die Seiten des Regelwerks der Spielergewerkschaft, dem »Code of Conduct« an den Punkten »verbale Beleidigung« abgegriffen. Aber alles, wie er später sagte, war ein Schrei nach Anerkennung. Er empfand es als unerträglich, wenn ein Zuschauer während des Spiels aufstand, um sich Erdbeeren zu holen. Ein Moment, der in seinen Augen das Spiel beschmutzte: »Ich protestierte, weil ich mich nach dem perfekten Match sehnte.«

Linkshänder John McEnroe war als Kind stolz, widersprüchlich und kompliziert. Eine Reizmischung für die Mitschüler, auch weil John McEnroe hitzig und jähzornig auf ihre Sticheleien reagierte.

Nach seinen Ausfällen auf dem Rasen wird John McEnroe trotz seines Erfolgs die Ehrenmitgliedschaft im altehrwürdigen All England Lawn Tennis Club verwehrt.

Borgs späte Rückkehr

Es waren neunzehn Jahre vergangen, seit Björn Borg einen letzten Blick auf den Rasen des Centre Courts von Wimbledon geworfen hatte. Damals wurde er hier von John McEnroe entthront und war seitdem nicht mehr zurückgekehrt. Nun, an diesem Samstagnachmittag des 1. Juli 2000 war Borg zusammen mit 61 weiteren Siegern oder Fast-Siegern der Einladung des All England Lawn Clubs zur Champions-Parade gefolgt.

Die früher blonden Haare schimmerten grau, die Falten schienen tiefer, aber der Gesichtsausdruck war noch immer verschlossen. Nacheinander wurden alle Anwesenden zur Ehrung aufgerufen.

Auf dem Rasen bekamen sie einen Kristallteller durch die Herzogin von Gloucester überreicht, als Zeichen ihrer Anerkennung für diese großartigen Sportler. Weil das Fernsehen die Spieler und Spielerinnen jedoch erst zeigte, als sie das Geschenk entgegennahmen, wurden nur die Anwesenden Zeugen dieses wunderbaren Augenblicks, über den Boris Becker sagte: »Wir hatten alle eine Gänsehaut.«

Dann der Moment, in dem Björn Borg aufgerufen wurde, sich niederkniete und den Boden von Wimbledon küsste. Das hatte er schon einmal getan, 1981 als er sich von seinem Lieblingsplatz für so lange Zeit verabschiedet hatte. Damals ging das Bild dieses Kusses um die Welt.

Diesmal sahen nur wenige den Augenblick, der für Björn Borg so viel bedeutete: »Es war ein Traum, endlich zurückzukehren.«

1980 hatte er Björn Borg schon in der Weltrangliste als Nummer eins abgelöst und war mit 21 Jahren der bis dahin jüngste Spieler, dem das gelang.

Jetzt löste er ihn auch in Wimbledon ab. Das Fazit aus dem Ergebnis 4:6, 7:6 (7:1), 7:6 (7:4), 6:4 war ganz einfach, dass McEnroe in kritischen Situationen in besserer Verfassung war.

Das deutete sich schon im ersten Satz an, es stand 5:4 für Borg, als McEnroe durch eine Doppelfehler des Schwedens kurz vor dem Ausgleich stand. Der rettete mit letzter Mühe den Satz. Immer wenn Borg in Führung ging, der Druck, den entscheidenden Punkt zu verwandeln, wuchs, nutzte McEnroe diese leichte Aufregung, um Borg mit seinem Risikospiel zu verunsichern.

Beim 6:6 im zweiten Satz war Borg wieder der überlegenere Spieler, aber das Tiebreak gewann McEnroe. Sein Gefühl im Handgelenk ermöglichte ihm unerreichbare überrissene Bälle. Er brauchte

kein großes Tempo oder einen übermäßigen Druck, er besiegte mit seiner Technik. Sein Schläger hatte einen weichen Rahmen und eine 15-Kilogramm-Bespannung, in die sich der Ball wie ein Mini-trampolin schmiegte, um dann unberechenbar wie ein Flummi bei Borg zu landen. Noch gefährlicher, wenn McEnroe mit seinem enormen Ballgefühl einem scharf geschossenen Ball die Geschwindigkeit entzog und ihn in einen Stoppball verwandelte, den er gebändigt hinter dem Netz aufkommen ließ.

Diese Schläge waren es, die Borg an diesem Tag des Jahres 1981 aus der Ruhe brachten. Mit den Schiedsrichterattacken konnte er besser umgehen. Da blieb Borg ruhig.

Als Eddie James einen Aufschlag McEnroes im Aus sah, pöbelte der: »Das können sie nicht ernst meinen.« Dieser Satz hat mittlerweile einen Eintrag im Oxford Dictonary of Modern Quotation.

McEnroe gewann das erste Tiebreak. Jetzt stand es 1:1 nach Sätzen. Der dritte Satz verlief ähnlich. McEnroe lag 1:4 zurück. Die erste Schuld gab er dem Belag: »Verflucht, mir haben sie gesagt, wir würden auf Rasen spielen.« Weil der schon braun und abgeschabt war, versprangen Bälle. Daran konnte er nichts ändern. Also verbesserte er seinen ersten Aufschlag. Immer wieder die gleichen Szenen für die Zuschauer. Erst seine umständliche Geste, sich mit dem kurzen Ärmel seines Shirts den Schweiß von den Schläfen zu wischen. Dann der Dreh im Oberkörper, bei dem der Gegner den Rücken statt wie im Lehrbuch seine Brust sah. Borg lauerte auf McEnroes Schläge zwei Meter hinter der Grundlinie. McEnroe schickte sie angeschnitten immer wieder auf Borgs Rückhand. Dessen Returns landeten nicht wie sonst punktgenau in der Ecke, sondern im Aus oder im Halbfeld, wo kein Spieler zu dieser Zeit effektiver wirbelte als McEnroe. Borg nach dem Spiel: »Er hat wirklich exzellent aufgeschlagen.« McEnroe holte zum 5:4 auf, wehrte vier Satzbälle ab und drängte Borg wieder ins Tiebreak.

Auch im vierten Satz hatte es Borg in der Hand, den Ausgleich zu machen. Aber zum ersten Mal in Wimbledon zeigte er Ungeduld. Zwei Volleys landeten hinter der Grundlinie und statt wie immer abzuwarten, wie sich McEnroe orientiert, schlug er hektisch zu.

Das wiederum verunsicherte McEnroe, so dass er seine ersten beiden Matchbälle nicht verwandeln konnte. Erst ein Schmetterball ermöglichte ihm den nächsten Matchball, den er sicher nutzte. Es war ein Flugball, den er direkt auf die Seitenlinie setzte.

Rüpel McEnroe selbst sank auf die Knie. »Ich dachte, steh jetzt bloß auf, du musst Borg noch die Hand schütteln«, sagte McEnroe später, als er nach seinem ersten Gedanken befragt wurde.

Siebzehn Titel holte er in Wimbledon, drei im Einzel, die anderen im Mixed und im Doppel. Damit war McEnroe auf Rasen noch erfolgreicher als Björn Borg.

Große Sportler bekommen große Abschiedsworte zu hören. Ilie Nastase sagte in seiner Laudatio über den großen Big Mac 1992: »Besser du gehst hin, wenn er spielt. Du schaust besser zu. Denn wenn er weg ist, wird es so was nie wieder geben. Niemand wird nach ihm jemals so sein.«

Björn Borg ist erstmals nach 41 Spielen in Wimbledon geschlagen.

86

Boris Becker – Kevin Curren 6:3 6:7 7:6 6:4

Geburt eines Tennis-Helden

Mit 17 Jahren der jüngste Sieger in der Wimbledon-Geschichte. Boris Becker hat einen Ehrenplatz in den Annalen.

Die Augen zu, der Kopf liegt im Nacken. Vier, fünf Tippel-Schritte mit erhobenen Armen Richtung Netz, dann streckt sich Boris Becker noch mal durch. Diesmal reißt er die Augen auf, zieht den Mund breit. Ein reiner Augenblick nicht zu fassender Freude.

Sieht man diese Bilder heute im Fernsehen, erscheint in der Regel die Schrifteinblendung: 7. Juli 1985; manchmal auch das Ergebnis dieser Sternstunde der besonderen Art 6:3, 6:7 (4:7), 7:6 (7:3) und 6:4. Als könnte das irgendjemand in Deutschland vergessen.

Seine Wimbledon-Premiere hatte Boris Becker schon ein Jahr zuvor, aber da riss er sich die Bänder im Fuß in Runde drei und hatte Tränen in den Augen, als er den Platz verlassen musste. Ein Jahr später hatte die Welt Tränen in den Augen.

Wer Wimbledon gewinnt, ist die Nummer eins, im Sport, bei den Spielern, beim Publikum. Viele für ein paar Monate, manche für ein Jahr und wenige für immer. Boris Becker gehört zu Letzteren.

»Gott, der Junge muss noch viel lernen. Temperamentvoll, ärgert sich wahnsinnig über jeden Fehler. Er machte viele.« Das war Kevin Currens erster Eindruck, als er Boris Becker sah. Deshalb ging er selbstsicher in das Finale am 7. Juli 1985.

Curren, der in Südafrika geborene Amerikaner, hatte Edberg, McEnroe und Connors glatt in drei Sätzen geschlagen. Becker hatte zuvor einen Matchball gegen Joakim Nyström abwehren müssen, musste gegen Tim Mayotte über fünf Sätze gehen und lag gegen Anders Jarryd sogar hinten. Aber er hatte den jugendlichen Glauben an die Unbesiegbarkeit.

Becker: »Ich weiß nicht, warum ich damals dachte, dass ich unbesiegbar bin, ich habe es einfach getan.« Ein einmaliges Gefühl, es kam nie mehr in dieser Form wieder.

Nach 135 Sekunden steht es 1:0 für Becker. Bei Currens Aufschlag geht Becker mit vollem Risiko in die Returns. Er schlägt mit der Vorhand direkt an die Linie, dann ein Volley cross, es steht 2:0. Curren wehrt sich, doch Boris spielt mit einer solchen Kraft, dass Currens Volleys immer wieder im Netz landen.

Das 6:3 beendet Becker mit einem Ass, sein viertes in diesem Satz. Curren fühlt sich überrumpelt. »Ich habe vor einem halben Jahr einmal mit Boris trainiert. So hatte ich ihn nicht in Erinnerung.«

Den zweiten Satz gewann der Amerikaner im Tiebreak 7:6 und zeigte, dass er auf dem gleichen Niveau wie Becker spielen konnte. Im dritten Satz lernte die Tenniswelt das Temperament von Becker kennen. »Nein« und »Mensch« brüllte er sich selbst an, wenn ihm ein Schlag misslang.

Curren spürte, dass in dieser Phase des Spiels etwas geschah: »Da schlug das Schicksal zu. Er hatte ein Kämpferherz. Als ich ihn im dritten Satz endlich gebreakt hatte, kam sofort das Rebreak. Er hat unglaublich aufgeschlagen und ist nie nervös geworden.« Becker erhöhte sogar noch den Druck mit seiner Vorhand und spielte einen ordentlichen Rückhand-Slice.

Sicher verlorene Passierschläge erreichte er noch mit einem Hechtsprung, gestreckt über 3,50 Meter lang – der »Beckerhecht«, der seitdem für Siegeswillen und Kampfgeist steht.

Boris Becker wechselte das Trikot, bevor der vierte Satz mit Kevin Currens Service begann, und schaffte das Break. Würde er nun seinen Aufschlag durchbringen, wäre er tatsächlich Wimbledon-Sieger.

Es steht 5:4, Becker serviert einen Doppelfehler – 0:15. Currens nächster Return kommt nicht übers Netz, 15:15. Beckers neuen

Leimen wartete auf Boris

Leere Straßen an diesem 7. Juli 1985 in Deutschland, doch die Fenster waren offen, denn es war ein heißer Sonntag. Elf Millionen Deutsche saßen in ihren Wohnungen vor den Fernsehern, sorgten für eine Einschaltquote von 31 Prozent und damit für die höchste Quote, die mit Tennis bis dahin jemals erreicht wurde. »Aufschlag Becker ...« Es war 17.26 Uhr im 99. Finale der All England Championchips. Beckers letzter Aufschlag gegen den Südafrikaner Kevin Curren, der einmal mehr ins Leere taucht. Es folgt ein Jubelschrei, der in ganz Deutschland zu hören ist. Erst fünf Jahre später, beim Finale 1990, als Deutschland Fußballweltmeister wird, ist solcher kollektiver Jubel bei einem Sportereignis wieder spürbar. Fast mit dem Matchball schrillten in der Kleinstadt Leimen (damals 19 000 Einwohner) die Telefone. Bürgermeister Herbert Ehrbar erinnert sich: »Es kamen Anrufe aus aller Welt. Jeder wollte etwas Genaues über Boris Becker wissen.« Und dazu die Vorbereitungen für den Empfang. Ehrbar: »Es war ein Wahnsinn. Das werde

ich nie vergessen.« Doch der ganze Stress war zunächst vergebens, denn die Stadt bekam ihren Sohn vorerst nicht zu sehen. Beckers Manager Ion Tiriac versteckte sich mit ihm vier Tage in Monaco, um den ersten Rummel geschickt abzuwehren. Dem zweiten musste Boris Becker sich stellen. Mit einer Eskorte wurde er ins Rathaus geleitet, vorbei an geschmückten Häusern, überall hingen Deutschland-Fahnen.
Als er auf den Balkon trat, schaute er fassungslos auf die überfüllten Straßen. Die Stadt Leimen war in diesem Moment zu klein für ihren Stolz.

Aufschlag nimmt Curren mit der Rückhand an, der Ball fliegt ins Aus, 30:15. Der nächste Punkt ist ein Ass, 40:15, doch Beckers erster Matchball endet gleich mit einem Doppelfehler.

Zum zweiten Matchball schlägt Becker so hart auf, dass es Curren fast den Schläger aus der Hand reißt. In diesem Augenblick sind drei Stunden und 18 Minuten gespielt.

»Als der Matchball gespielt war und das mir unmöglich Erscheinende Realität war, wurde mir schnell die historische Bedeutung des Tages bewusst.« Das sagte wieder Kevin Curren.

Boris Becker schrieb an diesem Tag dreimal Geschichte: der erste deutsche Gewinner, der jüngste aller Zeiten und der erste ungesetzte Titelträger. In Wimbledon hatte gutes Tennis allein noch nie gereicht, um zu siegen.

Die Persönlichkeit eines Spielers zählt, die mentale Stärke, der Wille, das Verhalten unter großem Druck. Boris Becker brachte alles mit, dazu bildeten Wimbledon und er auf eine unerklärliche Art eine verschworene Gemeinschaft. Curren erinnerte sich noch Jahre später: »Ich merkte, dass er sich in Wimbledon zu Hause fühlte, dass ihm der Court irgendwie gehörte.«

Becker stand für den Beginn der Power-Tennis-Ära. Man hatte das Gefühl, das Fernsehen wurde erfunden, um Boris Becker zu übertragen. Der Dichter Martin Walser beschrieb seine Spiele als »Körperkampf, den der Geist entscheidet«. Becker bewies auf dem Platz die Nerven, die sich jeder wünschte.

Er lebte die Emotionen, die andere sich nicht zu zeigen trauten. Er kämpfte, wenn jeder schon längst aufgegeben hätte, und beschämte andere nicht selten mit einem Sieg. Man hatte das Gefühl, Becker gab den Worten Glaube, Hoffnung und Kampf eine neue Qualität.

»If you can meet with triumph and desaster. And treat those two imposters just the same.« (»Wahre Größe beweist nur, wer Triumph und Niederlage gleich behandelt.«) Das schrieb Rudyard Kipling in seinem Gedicht *If*. Dieser Spruch steht über dem Eingang zum Centre Court in Wimbledon. Boris Becker sagte: »Ich habe diese Worte immer gelesen, bevor ich den Rasen betrat. Sie haben mir als

Mensch geholfen zu überleben.« Es wurde sein Lehrsatz, den er der Welt vermittelte. Siegen und Verlieren mit Boris.

Vielleicht hatte sein ehemaliger Manager Ion Tiriac recht, als er sagte: »Kein Mensch nach dem Zweiten Weltkrieg hat mehr für Deutschland in der Welt geleistet als Boris Becker. Er war der beste Botschafter, besser als Schmeling und Beckenbauer zusammen.« Das sagte er, nachdem Becker sein letztes Spiel auf dem Centre Court verloren hatte.

Es war 1997 im Viertelfinale gegen Pete Sampras. Als sie sich am Netz die Hand gaben, sagte Becker: »Das war mein letztes Match. Und eine große Ehre, es gegen dich zu verlieren.« Aber er konnte es nicht lassen, der Abschied fiel ihm selbst so schwer, dass er ihn zwei weitere Jahre hinauszögerte. Es war wieder Wimbledon, als er am 30. Juni 1999 im Achtelfinale gegen den Australier Patrick Rafter ausschied.

Curren über Becker vor dem Finale: »Der Junge muss noch viel lernen. ... Ärgert sich wahnsinnig über jeden Fehler. Er macht viele.«

Boris fliegt in viele Bälle: Der »Beckerhecht« steht seit dem Erfolg in Wimbledon für Siegeswillen und Kampfgeist

Zwischen der Freude von damals und dem Abschied lagen vierzehn Jahre, zwei weitere Wimbledon-Siege und unzählige dramatische Spiele. Seinen wichtigsten Sieg – nach dem schönsten von 1985 – schaffte er ein Jahr später. 6:4, 6:3, 7:5 gegen Ivan Lendl: »Danach habe ich gemerkt, ich kann lange oben mitspielen.« 1991 löste er Stefan Edberg erstmals als Nummer eins der Weltrangliste ab.

Als Kevin Curren von Beckers Abschied hörte, sagte er: »Becker hat aufgehört zu spielen, für ihn ist das Buch zugeschlagen, für mich nicht. Nie!« Die Niederlage gegen den Rothaarigen aus Leimen hatte Curren nicht richtig verarbeiten können. Damals war er die Nummer sechs der Welt gewesen und kam anschließend nie wieder über das Viertelfinale eines Grand-Slam-Turniers hinaus. Er sagte: »Boris war größer als das Tennis selbst.«

Ein Satz, den Becker nicht unwidersprochen ließ. »In Wimbledon«, sagte er, »ist keiner wichtiger als das Spiel.«

Pat Cash – Ivan Lendl 7:6 6:2 7:5

Der geplatzte Traum

Ivan Lendl sah immer ausgemergelter und leidender aus als seine Gegner. Gemessen am Stand in der Weltrangliste mussten die das regelmäßig und zähneknirschend als optische Täuschung abhaken. Lendl war 270 Wochen lang die Nummer eins – unter dem Umstand, dass er das Talent nicht im Rucksack mit sich herumtrug, eine weitere Schmach für die anderen Top-Ten-Spieler.

Oftmals konnten sie sich nur mit Spott über den verschlossenen Spieler eigene Genugtuung verschaffen, was nicht sehr edel, aber effektiv war. So wurde immer wieder die Geschichte aus seine Kindheit erzählt. Mutter Olga, ehemalige Nummer zwei der Tschechoslowakei, hatte den kleinen Ivan häufig am Netzpfosten festgebunden, damit sie in Ruhe trainieren konnte.

Lendl schwieg, ließ die Geschichte unwidersprochen stehen, ging auf den Platz und feilte weiter an seinem Spiel – an einem noch härteren Aufschlag, seinen vernichtenden Returns, seiner präzisen Vorhand, unaufhaltsam auf der Suche nach Perfektion.

Ein echter Einzelsportler war dieser Ivan Lendl, der nach dem Spruch lebte: »Nichts im Leben ist Zufall.« Nur über ein einziges Vorhaben stolperte er: in Wimbledon zu triumphieren. Und wie es so ist bei sehr ehrgeizigen Menschen: Nichts begehren sie mehr als das, was sie noch nicht erreicht haben.

Sein Trauma auf dem Weg waren häufig die »Tennis-Rüpel«. Das unkorrekte Verhalten seiner Gegenspieler verwirrte ihn. »Sie wissen einfach nicht, wie man sich benimmt«, monierte er oft. Sich nicht kontrollieren zu können kam in seinem Lebensplan nicht vor.

Nimmt Maß am Netz: Pat Cash auf dem heiligen Rasen

Ein Mann, dessen Werte Strebsamkeit und Verlässlichkeit heißen, musste an Spielern wie John McEnroe verzweifeln, die sich im Finale einfach für fünfzehn Minuten auf die Toilette verdrückten und dafür vom Publikum auch noch johlend gefeiert wurden.

Irgendwann war Lendl allerdings so gut wie immun gegen solche Allüren, fast übernatürlich erhaben schien er über den Dingen zu stehen. Oftmals hatte man den Eindruck, er habe dem Spaß am Leben entsagt.

Alles war ernst. Seine vernichtenden Aufschläge, der immer gleiche starre Blick, wenn er seine Saiten richtete, schien einstudiert, um seinem Gegenüber seine Verachtung zu verdeutlichen. Sein Ruf als »Ivan der Schreckliche« war dennoch mehr als ungerecht, aber er klebte an ihm wie ein Kaugummi an der Schuhsohle.

Lendl hatte nach einigen Wochen als Nummer eins zumindest äußerlich das Stadium erreicht, dass man den Eindruck gewann, derartige Sticheleien schmerzten ihn nicht mehr. Es hieß, er sei nur einmal im Jahr verwundbar: in Wimbledon. Obwohl die Zuschauer hier eine andere Einstellung zu ihm hatten. Statt »schon wieder der Lendl« hieß es im All England Lawn Club: »Mal sehen, ob er es diesmal schafft.« Man hatte auch ein wenig Angst vor Lendls Spielen, weil sich seine Matches oft über vier Stunden zogen.

Es ist das Jahr 1987. Ivan Lendl hat die US Open und French Open gewonnen, ist die Nummer eins der Welt. Jetzt will er in Wimbledon endlich den Triumph, bei dem Turnier, dessen Sieger immer ein bisschen berühmter sind als die der anderen Grand Slams. Im Vorjahr stand er hier zum ersten Mal im Finale und verlor in drei Sätzen gegen Boris Becker. Der ist auch jetzt wieder an Nummer eins gesetzt, fliegt aber schon in der zweiten Runde gegen den Australier Peter Doohan raus. Weitere Titelanwärter wie den Franzosen Henry Leconte und den Schweden Stefan Edberg hat Lendl selbst besiegt.

Jetzt hieß sein Gegner Pat Cash, der Mann mit der wilden Mähne und dem karierten Stirnband. Lendl, zu dieser Zeit 27 Jahre alt, war klarer Favorit und durch die warmen Temperaturen, mit denen er immer besser zurecht kam als andere, hatte er einen Vorteil.

Beim Versuch, einen lang geschlagenen Ball zu erlaufen. Pat Cash gewinnt am Ende das Finale.

Sein Traum blieb unerfüllt. Ivan Lendl hat Wimbledon nie gewonnen.

Aber es gab auch einige Unberechenbarkeiten. Cash war einer von den »bösen Buben«, die Lendl in besonderen Situationen noch immer aus dem perfekt durchdachten Konzept bringen konnten. Der Australier verglich Tennis gerne mit seiner Nationalsportart Rugby: »Immer schön mit dem Kopf durch die Wand.«

Cash sagte auch: »Du musst unrasiert spielen, gemein sein, animalische Triebe ausleben, den Balljungen beschimpfen und den Schiedsrichter beleidigen.« Cash tat, was ihm gerade in den Sinn kam: Rifftauchen, Gitarre spielen, trinken und randalieren. Bei der Geburtstagsfeier seines Freundes Paul McNamee schmiss er ein Sofa aus dem zehnten Stock. Der sagte nur: »So ist er eben, der Pat.«

Im Halbfinale hatte er Jimmy Connors mit 6:4, 6:4 und 6:1 bezwungen und lästerte danach: »Wenn ich so alt bin wie der, werde ich bestimmt nicht mehr Tennis spielen. Ich möchte mit zwanzig Kilogramm Übergewicht am Strand liegen, faulenzen und abends mit meinen Freunden durch Bars und Kneipen ziehen und mich volllaufen lassen.« Cash war 22, Connors bereits 35 Jahre alt.

Das Serve- und Volleyspiel beherrschte er wie Boris Becker. Der erste Aufschlag so hart, dass der Gegner die Returns entweder in den Himmel schoss oder sich für seinen ersten Volley nur noch die Ecke aussuchen musste. So machte er gegen Lendl im Finale nicht weniger als fünfzig Punkte. Dazu kamen drei Asse. Cash musste immer schnell punkten. »Dauert das Spiel länger, landet meine Vorhand schon mal in der Prärie«, wusste er selbst. Eigentlich ein Fall für Ivan Lendl, der die Gegner zu genau solchen Fehlern zwingen konnte. Aber Pat Cash hatte einen seiner guten Tage.

1985 verzichtete er wegen einer Bandscheibenoperation auf Wimbledon und rutschte auf Platz 413 der Weltrangliste. Ein Jahr später musste er um eine Wildcard betteln und kam ins Viertelfinale, obwohl ihm zwei Wochen vorher noch der Blinddarm entfernt werden musste. Jetzt stand er im Finale, auch weil ihm sein Psychologe Jeff Bond dabei half, sein Temperament auf dem Platz zu zügeln, und er bezwang Lendl.

Für den Tschechen war die Niederlage bitter deutlich: 6:7, 2:6 und 5:7. Im zweiten Satz gab Cash bei eigenem Aufschlag nicht ei-

Traum ohne Erfüllung

Ivan Lendl und der Rasen – eine Beziehung in Zahlen und Zitaten. Vierzehnmal versuchte er in Wimbledon zu gewinnen, fünfmal erreichte er das Halbfinale, zweimal das Finale.
»Ich muss das Gras heiraten«, sagte er zum Beispiel oder: »Für einen Sieg würde ich alles geben. Dafür wäre ich am Jahresende gerne die Nummer 275 der Welt.« – »Nicht talentiert zu sein und seinen Erfolg durch harte Arbeit zu erreichen, ist eine Qualität, kein Fehler.« – »Ich habe auf die French Open verzichtet, statt dessen mit meinem Trainer Port Stevens auf australischem Rasen trainiert.« – »Meine Schuhe haben spezielle Noppen für den Rasen.« – »Was hat der Rasen gegen mich?«

Pat Cash mit Trophäe

Seine Karriere musste Lendl 1994 wegen Dauer-Rückenschmerzen beenden: »Ist es nicht ein Hohn, dass der fitteste Spieler der Tour wegen physischer Schwäche aufhören muss?«1996 wurde sein Bemühen dennoch gewürdigt. Der All England Lawn and Tennis Club nahm ihn als Ehrenmitglied auf. Vom Rasen-Spiel ist er noch heute besessen: »Der Ball ist etwas kleiner und der Schläger etwas anders, aber das Prinzip ist das Gleiche, man muss den Ball optimal treffen. Ich spiele Golf genauso ernsthaft wie früher Tennis, trainiere vier bis sechs Stunden täglich. Aber ich verzehre mich nicht mehr so sehr.« Er hat sich übrigens einen eigenen Golfplatz gebaut ...

nen Punkt ab. Lendl schaffte es nicht, den Drang des jungen Australiers zu stoppen. Er klammerte sich verstärkt an seine Rituale, überprüfte zum x-ten Mal den Sitz seiner Socken, zog sein überbreites Schweißband glatt, warf bei Seitenwechseln einen Blick auf seinen in Plastik gehüllten Ersatzschläger und rieb sich die schwitzenden Hände mit Sägespänen trocken.

Ivan Lendls Schwäche hieß Wimbledon. Keiner hätte das Spiel besser analysieren können als er selbst: »Ich servierte auf die Rückhand und schaffte so Platz für Volleys. Ich servierte auf die Vorhand und durch die Mitte. Ich war frustriert, weil mein erster Aufschlag saß und er dennoch jeden zurückbrachte.«

Nach dem dritten Doppelfehler feuerte sogar der sonst so kontrollierte Lendl das Racket auf den Rasen. Doch an diesem Tag geschah noch etwas anderes, was Lendls Geschichte veränderte.

Während Pat Cash das Protokoll verletzte, sich wie ein Freeclimber zu seiner Freundin, Vater und Coach auf die Ehrenloge hangelte und die Turnierleitung düpierte – das hatte noch keiner in der 101-jährigen Geschichte gewagt –, stand Lendl verloren auf dem Platz.

Den Kopf gesenkt, die Socken saßen straff, die Augen waren noch dunkler als sonst. Dann ging er zu seinem Stuhl und kauerte dort einsam vor sich hinstarrend. Das rührte und machte viele betroffen. Sie erkannten auf einmal den Menschen Lendl, der an seinem Traum gescheitert war. Ein zermürbter Mann, der die Zuschauer für kurze Zeit verzauberte. Er sollte es nie mehr ins Finale schaffen. Und doch lächelte er heute immer, wenn er von Wimbledon spricht ...

2. Juli 1988

Steffi Graf – Martina Navratilova 5:7 6:2 6:1

Eine Gräfin übernimmt die Herrschaft in Wimbledon

Als sie die Schale mit durchgedrückten Armen so gerade und akkurat hochhielt, sah es aus, als wollte sie den Menschen einen Spiegel hinhalten.

Steffi Graf war schon sechs Jahre Profi, hatte seit elf Monaten die Nummer eins sicher und die Weltranglisten-Punkte im Computer auf über 300 Punkte getrieben. Man empfand sie schon als langweilig, weil sie so überlegen gewann. Doch Steffi Graf fand immer etwas an ihrem eigenen Spiel auszusetzen. Eine »Getriebene«, wie es ihr damaliger Trainer Pavel Slozil formulierte.

Was Steffi Graf noch nicht erlebt hatte, war ein Sieg in Wimbledon. Den Knicks beherrschte sie perfekt, das Rasenspiel auch, allerdings von der Grundlinie. Das sah wenig dramatisch aus, war aber im Falle Steffi Grafs auch auf dem schnellen Naturbelag enorm effektiv.

Im Jahr 1988 stehen sich die 31 Jahre alte Martina Navratilova und Steffi Graf, die gerade ihren 19. Geburtstag gefeiert hat, zum zweiten Mal gegenüber. Im vergangenen Jahr hatte Martina Navratilova noch mit 7:5 und 6:3 gesiegt, es war ihr achter Einzelsieg in Wimbledon gewesen. Jetzt wollte die Wahl-Amerikanerin ihren neunten erringen, Steffi Graf ihren ersten Sieg für sich und für Deutschland. Und dazu den dritten auf dem Weg zum Grand Slam.

Spiel, Satz und Sieg. Steffi Graf hat es ein erstes Mal geschafft. Mit 19 Jahren.

Ein Finale, nicht nur alt gegen jung, sondern Grundlinienspiel gegen Serve and Volley. Die »Königin der Weltrangliste« gegen die »Königin von Wimbledon«. Die Karten waren offiziell für zwanzig

99

Kraftvolle Reaktionen. Steffi Graf zwingt Martina Navratilova ihr Tennis auf.

Pfund zu erstehen, der Schwarzmarktpreis stand beim zwanzigfachen Betrag.

Graf war ein Tennis-Chamäleon. Sie konnte sich auf jede Gegnerin einstellen. Sie studierte sie und verinnerlichte deren Stil. Gelang es ihr nicht durch Video-Analysen oder Beobachtungen, riskierte sie noch maximal einen Satz im Spiel, um ihre Gegnerin »zu lernen«.

So war es auch gegen Navratilova. Graf brauchte eine Weile, um sich auf die Aufschläge der Amerikanerin einzustellen. Die trieben ganz weit nach außen, so dass Graf den Platz öffnen musste. Für Navratilova war der nächste Akt nur Formsache, sie lauerte am Netz auf die Returns und schickte den Ball auf die unbewachte Stelle des Rasens. 7:5 gewann die Amerikanerin den ersten Durchgang.

Doch Steffi Graf hatte es verstanden und zwang Navratilova nun ihr Spiel auf. Servierte Navratilova, passierte Graf die Linkshänderin auf ihrer Rückhandseite. Schlug sie selbst auf, hielt sie Navratilova mit ihren langen Grundlinienschlägen auf Distanz und ließ ihr keine Chance, ans Netz zu rücken. Versuchte es Navratilova auf Grafs schwächerer Rückhand, schickte die ihr den beidhändigen Slice zurück oder umlief den Ball und schoss ihn mit der Vorhand übers Netz. Navratilova verursachte zwar nur ganz wenige Fehler, machte aber auch keine Punkte. »Sie hat ein unglaubliches Tempo in ihren Beinen, eine starke Vorhand und auch noch Spaß am Rasen-tennis.« So sah die Analyse Navratilovas aus. Navratilova gewann ihre drei Spiele beim 6:2 im zweiten und 6:1 im dritten Satz nur, weil Steffi Graf 34-mal an der Grundlinie patzte.

Nach ihrem Matchball drückte sie ihre Finger noch fester um den Schläger. Steffi Graf war nie die Freuden-Schreierin oder die Frau für ein großes Jubel-Drama. Man hatte das Gefühl, sie spei-chert ihre ganzen Emotionen im Kopf. Die Augen nicht öffnen, den Mund zusammenpressen, manchmal hielt sie sogar die Ohren zu, um nichts entweichen zu lassen.

Fred Perry, Englands letzter Wimbledon-Sieger, saß auf der Tri-büne und sagte: »Im Tennis wird von jetzt an nur noch Deutsch gesprochen.« Er dachte dabei auch an das ausstehende Finale zwi-

Enttäuscht und trotz-dem fair. Der neunte Turniererfolg in Wimbledon wird Martina Navratilova (l.) von Steffi Graf verwehrt.

schen Boris Becker und dem Schweden Stefan Edberg. Becker verlor, Deutsch gesprochen wurde dennoch. Das Aktuelle Sportstudio im ZDF sendete live aus Wimbledon. Dort sagte Steffi Graf: »Ich habe nicht geglaubt, mich so freuen zu können. Das ist der schönste Moment in meinem Leben.« Und er blieb es für sehr lange Zeit. Obwohl dieser Sieg erst ihr 26. Titel von insgesamt 108 war, ihr im selben Jahr noch der »große Wurf«, der Grand Slam mit dem Sieg bei den US Open gelang und sie mit der Goldmedaille bei den Olympischen Spielen in Seoul den »Golden Slam« kreierte – diese Freude blieb einmalig.

Es wurde schon von Generationswechsel gesprochen, Steffi Graf warf dieses Thema selbst auf: »Ich glaube, Martina muss zur Kenntnis nehmen, dass sie es in Zukunft schwer haben wird. Ich weiß, dass ich sie jederzeit schlagen kann. Ich glaube auch nicht, dass sie mit der Rolle der Nummer zwei zurechtkommt. Ich könnte das wahrscheinlich nicht. Wenn man sein Bestes gegeben hat, soll man aufhören.«

Was ihre Person anging, so trafen diese Worte elf Jahre später zu. Sie gewann 1999 die French Open – es war ihr 22. und letzter Grand-Slam-Sieg – spielte mit John McEnroe das Mixed in Wimbledon und ging. Da hatte sie 377 Wochen als Nummer eins der Welt hinter sich.

Was Martina Navratilova betraf, lag Steffi Graf daneben. Sie kam gut mit der Nummer zwei zurecht, holte sich zwei Jahre später doch noch ihren neunten Wimbledon-Sieg – gegen Zina Garrison – und spielte sogar nach Steffi Grafs Rücktritt noch in Wimbledon, zuletzt im Jahr 2000 im Doppel mit der Südamerikanerin Marianne de Swardt. Sie kamen bis ins Viertelfinale.

Schon damals nach ihrer Niederlage zeigte Navratilova, dass sie ein wahrer Champion ist. Erst weinte sie in der Kabine, dann lächelte sie und sagte ohne jede Verkniffenheit: »Steffi hat verdient gewonnen. Sie ist die Größte zur Zeit. Ich bin auf dem Rasen von Wimbledon von einer Besseren geschlagen worden. Damit kann ich leben.«

Nach der Siegerehrung schenkte sie Steffi Graf sogar ihren Glücksbringer, ein kleinen goldenen, mit Diamanten besetzten Tennisschläger. Den hatte sie im vergangenen Jahr vor ihrem Sieg gegen Graf von Profi-Boxer Sugar Ray Leonard als Glücksbringer ge-

Der Graf und die Gräfin

Steffi Grafs Karriere sah so einfach aus. Mit drei Jahren drosch sie den Tennisball mit einem abgesägten Schläger übers Netz. An ihrer Seite war immer Vater Peter. 1977 gab der seinen Beruf als Gebrauchtwagenhändler auf und kümmerte sich ausschließlich um die Karriere seiner Tochter. 1981 der erste große Sieg bei der Orange Bowl in Florida, ihr Vater nahm sie begeistert in die Arme. Da war sie zwölf Jahre alt. Und alles sollte so weitergehen bis ins Jahr 1995. Am 2. August wurde Peter Graf wegen Steuerhinterziehung verhaftet. Steffi Graf gewann zuvor in Wimbledon, das war die letzte offizielle Umarmung. 1996 begann der Graf-Prozess in Mannheim. Peter Graf soll angeblich 19,6 Millionen Mark Steuern hinterzogen haben. 1997 wurde Peter Graf zu drei Jahren und neun Monaten Gefängnis verurteilt. Steffi Graf wurde im selben Jahr an der Patella-Sehne operiert. Sie sagte: »Das war meine schwerste Zeit.« Sie konnte nicht siegen, um wenigstens ein bisschen zu vergessen. 1998 wurde ihr Vater aus der Haft entlassen. Auch Steffi Graf feierte

ihr Comeback, wenige Monate später 1999. Die Steueraffäre ist nicht vergessen, aber die Welt hat sich beruhigt, unter anderem weil sich die Tenniskönigin auch außerhalb des Platzes emanzipiert hat, die wirtschaftlichen Dinge Fachleuten übertragen hat. Steffi Graf gewann bei den French Open und nahm in Wimbledon Abschied. Ihr Rücktritt erfolgte am 13. August um 12.04 Uhr – ohne Umarmung des Vaters.

schenkt bekommen. Steffi Graf war überrascht und ergriffen: »Das hat mich sehr gerührt.«

Im selben Moment wurden in ihrem Heimatort Brühl im Rhein-Neckar-Kreis die Ortsschilder ausgetauscht. Da stand für vier Tage »Grafschaft Brühl« zu lesen. Die Idee hatte der Kegelclub. Als die Siegerin aus London heimkehrte, signierte sie die Schilder. Ausnahmezustand in der Gemeinde Brühl, die mit 14 000 Einwohnern 3000 Menschen weniger zählt als der gefüllte Centre Court von Wimbledon.

Grafs Schäferhund Max hatte man während ihrer Abwesenheit beigebracht, Blumen zu apportieren. Doch als der Hund sein Frauchen sah, fielen sie ihm halb aus dem Maul. Die Freude, sie zu sehen, war größer als die Konditionierung.

8. Juli 1990

Stefan Edberg – Boris Becker 6:2 6:2 3:6 3:6 6:4

Edbergs Sternstunde

Es war die Zeit des Mats Wilander und des Pat Cash – und des Boris Becker. Gegen sie alle wirkte Stefan Edberg immer etwas phlegmatisch, bis er 1988 erstmals gegen Becker im Wimbledon-Finale gewann. Da präsentierte sich der neue Edberg. Es regnete, es gab Unterbrechungen, das zerrte an den Nerven. Statt wie so oft zu resignieren, biss er sich diesmal durch und siegte mit 4:6, 7:6 (7:2), 6:4 und 6:2.

1989 gab es die Neuauflage dieses Finales. Damals war Becker der Stärkere – 6:0, 7:6 (7:1), 6:4. So stark, dass Edberg später zugab: »Danach habe ich mich 24 Stunden eingeschlossen und mit niemandem geredet.« So war auch klar, sollte es erneut zu einem Finale in Wimbledon gegen Becker kommen, ist es eine Revanche. Die Gelegenheit bot sich beim dritten in Folge. Das gab es bisher nur einmal: zwischen 1884 und 1886 zwischen den Engländern Charles Renshaw und Herbert Fortescue.

Es war auch gleichzeitig Edbergs und Beckers längstes Wimbledon-Finale, knapp drei Stunden. Die Buchmacher waren sich einig, dass es ein deutsches Wimbledonjahr werden würde, Steffi Graf bei den Damen, Boris Becker bei den Herren. Ion Tiriac schickte Becker mit folgenden Worten ins Finale: »Du hast zwei Stunden Zeit, um zu gewinnen. Ich will das WM-Spiel Rumänien gegen Irland sehen.« Die Fußball-WM 1990 kollidierte zeitlich mit Wimbledon.

Der Centre Court war ausverkauft. Die letzten beiden Karten, so stand es am nächsten Tag in den Zeitungen, wurden für umgerechnet 9000 Mark verkauft.

Nach fast drei Stunden in die Knie gezwungen. Stefan Edberg freut sich über den Sieg gegen Boris Becker.

105

Vorteil Edberg, der ging mit 6:2 und 6:2 in Führung. Becker machte nichts anderes als drei Kopfbewegungen. Entweder er schob ihn vor zum Schimpfen, legte ihn in den Nacken, um der sauberen Parabel von Edbergs Lobs zu folgen, oder neigte ihn nach unten, um seine Füße anzuschreien, weil sie ihn wieder nicht flink genug zu den extrem flachen und kurzen Returns getragen hatten.

Becker dachte an den klaren Sieg im Vorjahr und an Edbergs Reaktion im Anschluss. »Ich wollte mich nicht 24 Stunden einschließen.« Immer wieder schrie er: »No, no, no.«

Was war nur los? Es war schließlich sein Rasen, sein Centre Court, sein Endspiel, wäre sein vierter Titel bei seiner fünften Finalteilnahme gewesen. Er war wieder dran.

Kollege Fred Stolle drückte es so aus: »Der Platz ist sein Haus, wo er keinen drin haben möchte, den er nicht vorher eingeladen hat.« Stefan Edberg war eingeladen, er ist sein Freund. Boris Becker wollte jetzt mit ihm gemeinsam Geschichte schreiben. Seit dem französischen Musketier Henri Cochet hatte es nach 1927 kein Spieler geschafft, ein Finale nach einem 0:2-Rückstand noch zu gewinnen. Becker machte sich auf den Weg, und ihm gelang der Ausgleich. Er lebte wieder auf, als er den ersten Breakpunkt Edbergs beim 1:0 abwehrte.

Edberg versank in seine alten Muster, resignierte kurz und verursachte sogar Fußfehler. Becker gewann den dritten und vierten Satz jeweils 6:3.

Der Schiedsrichter, die Linienrichter, die 13 110 Menschen auf der Tribüne, die Millionen vor den Fernsehern, alle waren sie wieder elektrisiert. Becker konnte schon immer kämpfen, Edberg hatte es vor zwei Jahren auf diesem Platz gelernt. Seitdem hatte er den Spitznamen »König am Netz«. Beide brachten ihren ersten Aufschlag durch – 1:1 –, Becker auch seinen zweiten. Edberg war wieder dran und machte einen Doppelfehler. Die Schweden-Fans zogen die Nase kraus und die Luft durch die Zähne. Die Deutschland-Fans ballten die Faust und pressten die Lippen aufeinander. Boris Becker gelang das Break zum 3:1. Er war zwei Punkte vom 4:1 entfernt, mit sicherem Schritt schnellte er ans Netz.

Nach der Niederlage die freundschaftliche Umarmung. Boris Becker (l.) hat auch eine Sternstunde hinter sich.

*Vorhand-Return.
Stefan Edberg auf dem
Rasen, auf dem er
das Kämpfen lernte*

Es waren zwei Stunden und fünfzehn Minuten gespielt. Doch den Vorhand-Volley spielte Becker zu hart, er ging ins Aus. Für Boris Becker später der entscheidende Moment: »Ich bin so enttäuscht, ich hätte diesen Punkt machen müssen.« Es war wohl auch der Schlüsselmoment für Edberg.

Weil Becker das Spiel nicht gewinnen konnte, wurde er wieder mutiger: »Das hat mir die innere Stärke wieder gebracht.« Er erholte sich: »Ich brauche meine Ruhe und sonst nichts.« Edberg war kein manisch getriebener, der das Spiel ernst empfand. Ihm gelang das Rebreak zum 3:2. Bei eigenem Aufschlag glich er nun zum 3:3 aus. Beide hatten ihr Niveau erreicht, das der besten Rasenspieler der Welt. Derjenige, der jetzt den ersten Fehler machte, verlor.

Beim Stand von 5:4 ging Edberg auf die Knie. Er hatte erneut das Break geschafft. Er ahnte etwas. Boris Becker verzog einen

Rückhand-Return zur Seite, diesmal blieb Edberg stehen und riss die Arme hoch.

Der Streit, ob der richtige Spieler gewonnen hatte, ging schon damals los. Edberg war im Match wohl etwas besser, aber auch nachlässiger. Becker kämpfte dafür mehr, hatte die souveränere Phase im dritten und vierten Satz und, und, und …

Hätte Boris Becker damals gewusst, dass er nie mehr in Wimbledon gewinnen würde, hätte er dann anders gespielt? Oder hat Edberg geahnt, dass dieses Spiel sein letztes Finale war? Fragen, die unbeantwortet bleiben.

Die beiden Spieler waren damals 24 und 22 Jahre alt. Keine Zeit, in der man als Sportler an die Endlichkeit denkt. Der ältere Edberg gewann noch zwei weitere Grand-Slam-Titel von seinen sechs insgesamt, und nach diesem Wimbledonsieg wurde er als Nummer eins der Welt geführt, bis ihn Boris Becker ein Jahr später ablöste. Es war die Zeit der Duelle zwischen Stefan Edberg und Boris Becker, sie zelebrierten ihr Tennis.

Noch heute stolpern Beobachter über eine andere Frage: War er nun ein öder Typ oder einfach nur elegant und zurückhaltend? Edberg selbst antworte: »Das ist mir egal.« Für ihn war wichtiger, dass

Die Trophäe gehört ihm. Stefan Edberg ist jetzt die Nummer eins in der Welt.

Boris Becker holt sich den Trostteller. Herzog und Herzogin von Kent überreichen.

er nicht nur Tennisspieler war. Umweltprobleme, Elend auf der Welt, Edberg sagte immer: »Jeder kann eine Menge kleiner Dinge tun, und wenn jeder nur ein bisschen täte, würde sich unsere Lage schon verbessern.«

Sein Karriere-Ende kündigte sich an, als seine Frau Annette die gemeinsame Tochter Emilie gebar. Das war kurz vor Edbergs 30. Geburtstag. Da sagte er: »Es fällt mir schwer, mich Woche für Woche für die alt bekannten Gegner und Turniere neu zu motivieren.«

Bis zu diesem Zeitpunkt schaffte Stefan Edberg alles aus eigenem Antrieb. Als der nicht mehr ausreichte, war eben auch niemand da, der um eine Fortsetzung seiner Tenniskarriere flehte. Es gab weder ehrgeizige Eltern noch demagogische Trainer noch eine drängende Ehefrau. So entschied er 1996: »Ich gehe jetzt auf meine Abschieds-tour. Einmal um die Welt, überall noch mal spielen und dann auf-hören.«

Er wurde gefeiert und vermittelte gleichzeitig das Gefühl, dass nicht die Show weiter geht, sondern das Spiel. Und wenn das Spiel aufhörte, war nicht die Show vorbei, sondern dann ging Stefan Ed-berg einfach nach Hause, nach London. Nicht unweit von Wimble-don, dem Rasen, auf dem er das Kämpfen lernte ...

7. Juli 1991

Michael Stich – Boris Becker 6:4 7:6 6:4

Kurze deutsche Versöhnung

Am Ende gab es eine Umarmung, die Deutschland und die Welt bewegte und gleichzeitig vor viele Fragen stellte: Sollte man nun jubeln mit Michael Stich? Weinen mit Boris Becker? Oder nur weinen oder nur jubeln? Es war sehr verwirrend.

Da spielten zum ersten Mal zwei Deutsche im Finale von Wimbledon, jetzt standen sie am Netz und umarmten sich. Boris flüsterte Stich ins Ohr: »Du hast verdient gewonnen.«

So macht man es als Sportler. Da haben sie es fast einfach. Aber was macht man zu Hause oder auf der Tribüne? Es war eine komplizierte Freude, die erst über einen Umweg ausbrach.

Nämlich den, dass jeder Boris-Becker-Fan akzeptieren musste, dass sein Idol diesmal nicht gewonnen hatte. Sondern dieser andere Deutsche, der Dunkelhaarige aus Elmshorn. Der, der nach Boris Becker, dem Kraftpaket aus Leimen, kam und sein Tennis-Leben lang gegen dieses Image des »Zweitgeborenen« ankämpfte.

Als Boris Becker 1985 in Wimbledon siegte, spielte Michael Stich noch in der zweiten Verbandsliga Schleswig Holstein für RaSpo Elmshorn Fußball. Dass die Freude mit ihm immer etwas kleiner ausfiel als mit Boris Becker, spürte Stich immer und überall, sogar im Moment seines größten Triumphes auf dem ausgebrannten Rasen von Wimbledons Centre Court. Da sagte der Schiedsrichter nach seinem Matchball doch tatsächlich: »Game, set and match, Becker ...«

Stich versuchte es positiv zu sehen: »Boris war hier Favorit, das war auch ein Vorteil für mich. Es nahm mir die Nervosität.« Und

»Du hast verdient gewonnen«, wird Boris Becker gleich Michael Stich ins Ohr flüstern.

machte ihn zum Sieger – zu einem eindeutigen: 6:4, 7:6 und 6:4 an einem heißen Tag. Auf dem Rasen wurden über vierzig Grad Celsius gemessen.

Stich begann mit einem Break. Zwar gelang Boris das Rebreak zum 3:3, aber er gab seinen Aufschlag im siebten Spiel erneut ab. Er war mit diesem Satz nach London angereist: »Wenn die Welt mein Haus ist, dann ist Wimbledon mein Wohnzimmer.« Spinnt man den Vergleich weiter, dann lieferten sich Michael Stich und Boris Becker dort eine Schlacht mit den Sofakissen, bei der Stich immer das größere und härtere in der Hand hielt.

In Beckers Wohnzimmer ist es 1991 eng geworden. Stich überrascht ihn.

Becker haderte schon nach seinem ersten Service: »Ich schlag auf – es kann nicht wahr sein.« Es war sein 27. Spiel auf dem Centre Court, und es wurde seine dritte Niederlage, die er bis zum Ende selbst kommentierte. Als er im zweiten Satz bei einer 3:1-Führung wieder seinen Aufschlag abgab, brüllte er seinen Schläger an: »Spiel doch!«

»Mein lieber Gott, ich kann's nicht fassen. Du Depp!« Er meinte sich selbst und vor allem Stichs Passierbälle, die an einer unsichtbaren Schnur zu hängen schienen. Sie zogen wie kleine gelbe Blitzlichter an Becker vorbei. Stich holte einen 0:30-Rückstand zum 6:6 auf und gewann auch das Tiebreak 7:4.

»Schlag für Schlag gesehen spielt Michael im Vergleich zu Boris das bessere Tennis«, sagte Kollege Pete Sampras. Es war kein Geheimnis, dass Stich als begabtester Spieler der Tour galt. Sein Aufschlag war so hart und präzise wie Beckers. Die Grundschläge ganz gerade. Stich war ein Genie am Netz und hatte durch seine Größe von 1,92 Meter einen hervorragenden Hebel, konnte mühelos die Bälle abfangen.

Was ihm fehlte, war die Konstanz und der letzte Wille, den Boris Becker zum Siegertypen machte. Sein damaliger Davis-Cup-Trainer Niki Pilic schimpfte: »Stich ist untrainierbar.«

Und dazu ein Mensch, der sich nichts sagen ließ. Tennis spielte er bis 1988 aus Spaß. Erst als er sein Abitur hinter sich hatte, beschäftigte er sich ernsthaft mit dem Spiel und stieg 1989 in die Profi-Tour ein. Da war Boris Becker bereits 22 Jahre und stand zum vierten Mal im Wimbledon-Finale. So gab es, bevor sie aufeinander trafen, schon einen ganz großen Unterschied: Stich hatte schon ein Leben ohne Tennis gelebt.

Er sagte Sätze wie: »Ich brauche keinen Trainer, weil ich keinen Menschen brauche, der mir die Tasche nachträgt.« Das verstanden viele als Arroganz. Oder er nörgelte beim Davis-Cup-Training: »Jeder Mensch hat ein Recht auf seine eigene Meinung, und das muss auch ein Boris Becker akzeptieren.« Das verstand Boris Becker als Anmaßung, genau wie seine Forderung: »Wenn Boris zu spät zum Training kommt, warum nicht auch wir?« Niki Pilic forderte eine

Aussprache, nach der Becker sagte: »Freunde sind wir nicht geworden, aber Michael hat kapiert, wie Davis Cup geht.«

Alles Geschichten, die vor diesem Wimbledon-Finale passierten und diese Begegnung abgesehen vom sportlichen Wert für das deutsche Tennis zu einer ganz besonderen machte. Es war weniger das Spiel, das faszinierte, als die Begegnung dieser beiden jungen Männer.

Seitenwechsel vor dem dritten Satz. Boris wütete, feuerte den Trinkbecher auf den Boden und würgte sein Handtuch wie eine leere Zahnpastatube: »Mein Kopf war zu müde, meine Beine zu langsam.« Dazu kam für ihn diese neue Situation: Wie spielt man gegen seinen Davis-Cup-Kollegen?

Boris Becker fand keine Antwort, sagte nur: »Wenn man sich hasst, ist es leichter, und ich wusste schon während des Spiels, wenn er keine großen Fehler macht, gewinnt er.«

Stich machte keine Fehler, Boris einige, selbst seine zehn Asse halfen ihm nicht weiter. Stich nahm ihm sein Aufschlagspiel ab und verwandelte einen Matchball zum 6:4.

»Spiel, Satz, Sieg, Becker ...«

Michael Stich schmiss den Schläger in die Luft, kniete sich hin und weinte. Boris Becker kannte diesen Moment, den Michael Stich gerade erlebte, und konnte die wahre Bedeutung dieses Sieges einschätzen: »Michael realisiert es jetzt noch nicht, aber vielleicht in einigen Jahren. Jetzt ist er ein Star, aber es ist nicht alles Gold, was glänzt. Er fliegt jetzt ein bisschen im Raum herum, wenn er in ein paar Wochen landet, sollte er realisieren, es war nur ein Tennisspiel.«

Boris Becker war gelandet, doch auch er brauchte Wochen, um dieses Spiel zu verarbeiten: »Es ist für mich die größte Enttäuschung, seitdem ich Tennis spiele. Im Wimbledon-Finale spielt die Taktik keine große Rolle. Es wird alles im Kopf entschieden, und da war Stich stärker. Er hat nicht mit Glück gewonnen.«

Boris Becker eroberte trotz Niederlage die Nummer eins der Weltrangliste. Michael Stich hatte Stefan Edberg im Halbfinale besiegt und so den Weg für Boris Becker frei gemacht. Er selbst

Beckers Umgang mit der Niederlage ...

»Mit Triumph und Niederlage gleich umgehen können ...« Der Spruch, den Boris Becker bei jedem Spiel auf dem Centre Court am Ein- und Ausgang tatsächlich verinnerlicht hatte. Nach seiner größten Niederlage gegen Michael Stich saß er im deutschen Haus, wo sich Sportler, Journalisten, Trainer und andere Verantwortliche trafen. Um ihn herum reges Treiben, Becker mittendrin. »Ich kann in solchen Momenten nicht allein sein.« Innerlich war er es dennoch, denn so genau wusste er selbst nicht, was in ihm nagte. »Nach Tellerschmeißen

ist mir nicht zumute. Das ist was für die erste Wut.« Es war eher die Tatsache, teilen zu müssen. Es gab plötzlich nicht mehr nur den einen deutschen Wimbledon-Sieger. Das Revier Wimbledon musste neu markiert und der andere akzeptiert werden. Darüber nachgedacht, brachte Boris Becker eine Weile später Michael Stich und den Journalisten Schnittchen mit Orangensaft vorbei. Den Rest des Abends standen beide Finalisten in einer Ecke und unterhielten sich, die Köpfe eng zusammen. Sie legten wohl die Spielregeln fest, die im Groben hießen: Nach jedem Kampf wird neu verhandelt und markiert.

Sie hielten sich jahrelang daran, genau wie Becker an seinen Leitsatz: »Mit Triumph und Niederlage gleich umgehen ...« Auch wenn Boris Becker immer das größte Stück des Reviers hatte ...

»Freunde sind wir nicht geworden« – aber die faire Geste beherrscht sowohl Boris Becker als auch Michael Stich.

schaffte es nie zur Nummer eins. 1993 stand er auf Nummer zwei – vor ihm Boris Becker.

Zu seinem ersten Champions-Dinner führte Michael Stich Damensiegerin Steffi Graf aufs Parkett, damals 22 Jahre alt. Sie hatte die Argentinierin Gabriela Sabatini mit 6:4, 3:6 und 8:6 geschlagen und tanzte jetzt nach ihrem dritten Titel zum zweiten Mal mit einem Deutschen. Stich trug einen geliehenen Smoking. Er hatte keinen im Koffer. Becker schon.

Bundespräsident Richard von Weizsäcker schrieb folgende Worte: »Gratulation, das erste Aufeinandertreffen von zwei deutschen Spielern im Finale von Wimbledon hat uns zu Hause begeistert.« Das trifft es in seiner Ganzheit für jeden, der es gesehen hatte. Nur für die zwei Menschen auf dem Centre Court war es mehr als ein begeisterndes Spiel ...

Andre Agassi – Goran Ivanisevic 6:7 6:4 6:4 1:6 6:4

Der Aufstieg des Wunderkinds

Es gibt großartige Finalspiele, doch manche erreichen schon durch die Geschichte ihrer Protagonisten einen einmaligen Charakter. Die von Andre Agassi ist so eine und macht seinen Sieg schon deshalb zu einer Sternstunde. Vater Mike spielte in Teheran im Hinterhof Tennis, entschied sich aber fürs Boxen, weil das Rückschlagspiel mit dem Ball in seinem Land nicht sehr populär war. Damit schaffte er es sogar ins iranische Olympiateam, aber vom Tennis träumte er weiter. Er emigrierte nach Amerika, landete in Las Vegas und heiratete seine große Liebe Betty, mit der er vier Kinder bekam. Das letzte wurde 1970 geboren, ein Sohn, den sie Andre nannten.

Während die vier heranwuchsen, verfolgte Vater Mike die Erfolge von Jimmy Connors und Björn Borg. Die verdienten mit seinem Lieblingsspiel Millionen, während er bis morgens im Casino arbeitete. Da fasste er einen Plan: Er brachte allen Kindern das Tennisspiel bei und trainierte mit ihnen, bevor er zur Arbeit ging. Tochter Rita gab zwar schnell auf, heiratete aber immerhin später Aufschlag-Ass Pancho Gonzales. Sohn Phillip war wie Tochter Tami nicht talentiert genug. Man hatte das Gefühl, jegliches Ballgefühl, aller Ehrgeiz und die Liebe für dieses Spiel wurde von den ersten drei Agassi-Sprösslingen schnell an den Jüngsten weitergegeben.

Der Triumphator 1992: »Manchmal geht es nicht mehr um Tennis, sondern um größere Dinge, um Wille und Geist.«

Andre stellte sich frontal vor die Ballmaschine und schoss um die 5000 Bälle pro Tag übers Netz. Seine Rückhand beidhändig, die Vorhand mit diesem außergewöhnlichen Winkel im Handgelenk. So wurde die Basis gelegt, um später der beste Return-Spieler der Welt zu werden, aber auch ein Tennis-Wunder mit geraubter Kindheit.

Als er mit dreizehn Jahren ins Trainings-Camp von Nick Bollettieri nach Florida musste, verfluchte er seine Gabe. Die Akademie ödete ihn an, er rebellierte, bis sich kurz vor seinem Rausschmiss Chef Bollettieri persönlich um den Jungen aus Las Vegas kümmerte. Die Urphase der widerspenstigen Zähmung. Es sollten noch unzählige weitere folgen ... Darunter auch die Ablehnung des weißen Dress-Codes in Wimbledon. Mit siebzehn Jahren boykottierte Agassi das Turnier: »Der Belag, dieser Traditions-Muff – darauf habe ich keine Lust.«

Als er an jenem 5. Juli 1992 sogar im Finale von Wimbledon stand, liebte er Neonfarben, mit denen er Gegner und Publikum blendete. Seine Haare waren lang und zottelig, durch die Baseball-Kappe zum Pferdeschwanz gezogen. Die *Süddeutsche Zeitung* schrieb über seine Frisur, sie sähe aus, »als schliefe ein Stinktier auf dem Kopf«.

Seitdem er in Wimbledon antrat, gab es Gezeter um sein Auftreten, und die Turnierleitung hielt den Atem an, wenn er sich auszog. Auf dem Weg ins Finale erschien er nie komplett in Weiß und kitzelte die Gemüter immer mit kleinen Farbtupfern. Um so verwunderter war jeder, als er mit Goran Ivanisevic vor der Königsloge brav seine Verbeugung machte und sich anschließend auszog.

Dieser Moment fand sogar einen Eintrag im Wimbledon-Almanach: »Er kam ganz in Weiß. Unter seinen Shorts trug er eine weiße Radlerhose.« Bis zu diesem Zeitpunkt hatte Agassi vierzehn Turniere gespielt, aber keines der Grand Slams gewonnen. Zweimal stand er im Finale von Paris, einmal in Flushing Meadow – dreimal verlor er und galt schon als ewiger Verlierer.

Seit Björn Borgs letztem Sieg 1980 hatte kein Grundlinienspieler mehr auf dem Serve-and-Volley-Belag Rasen triumphiert. Diesem Agassi traute man es schon gar nicht zu. Nicht einmal, nachdem Boris Becker und John McEnroe an ihm verzweifelt waren. Hatte er doch im Jahr zuvor wieder seine Inkonstanz bewiesen: Fast food, Trainingsfaulheit und Lustlosigkeit. Dazu verkündete er: »Länger als einen Tag kann ich mich nicht auf Tennis konzentrieren.«

Leaving Las Vegas ...

Andre Agassi hatte sich mal wieder aus dem stressigen Trainingsalltag verabschiedet. Bilder von dem Amerikaner mit Bauchansatz wurden um die Welt geschickt. Er war auf Nummer 122 der Weltrangliste abgefallen. Keiner der Freunde, mit denen er in Las Vegas beim Zocken gesehen wurde, hatte einen Cent auf seine Rückkehr gesetzt. Zwei Jahre später küsste er in Paris den Coupe de Mousquetaires, er hatte als fünfter Spieler nach Roy Emerson, Fred Perry, Donald Budge und Rod Laver den Grand Slam geschafft. Doch im Gegensatz zu seinen berühmten Vorgängern hat er noch eine Besonderheit zugefügt. Er war der erste Spieler, der auf vier

Der Gegner: Goran Ivanisevic

verschiedenen Belägen gesiegt hatte. 1999 bei den French Open auf Sand, 1995 in Melbourne auf Rebound-Ace. 1994 in Flushing Meadow auf Supreme Court. Und 1992 bei seinem ersten Grand Slam in Wimbledon – auf Rasen. Sieben Jahre lagen zwischen diesen beiden Siegen. Die langen Haare waren einer Glatze gewichen. Seine Freundin hieß nicht mehr Wendy Stewart, seine Frau auch nicht mehr Brooke Shields. Agassi hatte sich ein paar Tage vor seinem Grand Slam in Steffi Graf verliebt. Nur eines hatte sich nicht geändert. Keiner feiert seine Triumphe so emotional, spektakulär und tränenreich ...

Sollte er im vierten Anlauf wieder verlieren, so erzählte man sich, würde das den endgültigen Absturz bedeuten. Sein Final-Gegner war Goran Ivanisevic, der beste Aufschläger der Welt, über den Ion Tiriac sagte: »Der Goran hat so einen Charakter. Der ist für ganz große Spiele wie geschaffen.« 1990 stand der Kroate zum ersten Mal in Wimbledon. Da bremste ihn Boris Becker gerade noch aus. Damals servierte er schon über hundert Asse in sechs Runden. Diesmal wurden es 206 während des gesamten Turniers – allein 37 schlug er gegen Andre Agassi, nur siebenmal schafften es seine Gegner, ihn zu breaken.

Der Kroate versuchte Agassi zu zertrümmern und trieb ihn mit seinem Service so weit nach außen, dass der Amerikaner fast bei den Zuschauern stand. Doch einige der Risiko-Aufschläge gingen ins Netz, und den zweiten erlief sich Agassi blitzschnell.

Dagegen wirkten Agassis Aufschlag mittelmäßig, doch da er ohnehin nicht ans Netz vorrückte, mussten sie auch nicht besser sein. Dafür waren seine Returns so hart und lang, dass Ivanisevic nicht mal in die Nähe des Halbfelds kam – und das Duell auf der Grundlinie sicherte sich Agassi.

Es war ein ständiges Geben und Nehmen – jeder gewann Sicherheit, und genauso schnell verlor sie jeder auch wieder. Mal hatte Agassi das Spiel im Griff, dann wieder Ivanisevic. Der erste Satz endete 6:7, nachdem Ivanisevic das Tiebreak mit 10:8 gewonnen hatte. Agassi zog im zweiten Durchgang mit 6:4 gleich und im nächsten gar mit 6:4 davon. Zweimal schaffte er das frühe Break und wirkte überlegen, während Ivanisevic einen irritierten Eindruck machte. Agassi erklärte später: »Ich habe heute ein Zeichen für alle Grundlinienspieler gesetzt.«

Der Kroate bekam seine Nerven allerdings zunächst in den Griff, holte in nur siebzehn Minuten ein unglaubliches 6:1 und ließ den Amerikaner im wahrsten Sinne des Wortes Gras fressen. Denn Agassi warf sich nach Ivanisevics Aufschlägen und Returns, bis sein Hemd grün und braun war, reif für einen Wechsel.

Es ging in den fünften Satz, und für viele Kritiker war klar, dass Agassi jetzt verlieren musste. Boris Beckers ehemaliger Trainer

Günther Bosch tönte: »Der schafft es nie, über fünf Sätze zu gehen und dann auch noch zu gewinnen.«

Vor Wimbledon hätte er mit seiner Prognose richtig gelegen. »Manchmal geht es nicht mehr um Tennis, sondern um größere Dinge, um Wille und Geist.« Das sagte Andre Agassi nach dem Ende der Partie, denn all das hatte er in nur einem einzigen Match begriffen.

Beim Stand von 5:4 servierte Goran Ivanisevic einen Doppelfehler, und mit dem wachsenden Druck konnte er nicht mehr umgehen: »Ich habe meine Bälle zu hoch in die Luft geworfen, ich konnte sie nicht mehr kontrollieren.« Agassi dachte dagegen: »Als seine Aufschläge im Netz landeten, war mir bewusst, dass ich mit einem guten Rückhandreturn das Spiel gewinnen kann.«

Wie freut sich ein Mensch, der etwas schafft, was ihm keiner zugetraut hat, vielleicht nicht mal er selbst? Viele Sportler vor ihm gingen auf die Knie. Das machte auch Andre Agassi, aber anders. Bei ihm sah es aus, als flehte er die Welt an, ihm zu bestätigen, was soeben passiert war. Als es ihm niemand auf die Schnelle sagen konnte, sein Trainer Nick Bollettieri und seine damalige Freundin Wendy Stewart weinten selbst, ergab er sich dem Rasen, schmiegte seinen ganzen Körper an ihn, als könnte der es ihm ins Ohr flüstern.

Goran Ivanisevic saß minutenlang auf seinem Stuhl, starrte auf den Boden und ärgerte sich über einen verpassten Breakball im fünften Satz. »Tausend Möglichkeiten habe ich mir im Nachhinein ausgedacht, wie das Match wohl weitergegangen wäre, wenn ich diesen einen Punkt gemacht hätte.«

Ivanisevic hätte sich sicherlich etwas Ähnliches wie Andre Agassi zur Widmung seines Sieges einfallen lassen. Der gab seinem Privatjet ein besonderes Kennzeichen: N-792AA – die sieben für den Monat Juli, die 92 für das Jahr 1992, AA für Andre Agassi.

Für viele Menschen ist der Typ aus Las Vegas abgehoben. Aber gerade dort beurteilt man die Menschen nach der Art, wie sie mit Kellnern umgehen, ob sie einen guten oder schlechten Charakter haben. Andre Agassi behandelt sie immer vorzüglich …

Aus Sympathie sollte noch mehr werden. Die beiden Wimbledon-Gewinner 1992, Andre Agassi und Steffi Graf, grüßen in Ballgarderobe.

Herzog und Herzogin
von Kent geben sich
die Ehre. Für Andre
Agassi ist es ein großer
Augenblick.

Martina Hingis – Jana Novotna 2:6 6:3 6:3

Das Tennis-Küken

Martina Hingis spielte so cool wie Chris Evert, so routiniert wie Steffi Graf, aber so unbeschwert, wie man es nur sein kann, wenn man knapp 17 Jahre alt ist und das macht, was einem am meisten Spaß macht – Tennis.

Während die an Nummer zwei gesetzte Monica Seles schon in der dritten Runde an Sandrine Testud scheiterte, rauschte die Schweizer Favoritin mit der hohen Stirn 6:1, 6:3 an Natalie Arendt vorbei. Mit dem gleichen Ergebnis schlug sie Sabine Appelmans, weiter ging es mit 6:3 und 6:2 gegen Denisa Chladkova, mit 6:3 und 6:2 gegen Anna Kournikova, und nun stand in ihrem ersten Wimbledon-Finale gegen die Tschechin Jana Novotna.

»Jana hat im Turnier mehr stärkere Spielerinnen schlagen müssen als ich. Ich musste im Gegensatz zu ihr auf dem Weg ins Finale nicht gegen eine gesetzte Spielerin antreten.« Das klang so, als wäre ihr die Tatsache, nun zu den zwei besten Frauen des Turniers zu gehören, selbst unheimlich.

Dabei reiste sie im Sommer des Jahres 1997 als Nummer eins nach England, hatte wenige Wochen zuvor Steffi Graf von der Spitze verdrängt, im French-Open-Finale die Französin Mary Pierce besiegt und ihren ersten Grand-Slam-Titel gefeiert.

Es lag sicher auch an dem überwältigenden Moment, den jeder Sportler in Wimbledon erfährt, wie bei keinem anderen Turnier dieser Welt.

Hier hat man das Gefühl, dass jeder Spieler, der gekämpft hat, ein paar Atemzüge hinterlassen hat. Martina Hingis drückte es vor

Zunächst wie eine Anfängerin, die sich beweisen musste, doch dann genießt Martina Hingis ihre Siegesfreude unbeschwert.

dem Spiel so aus: »Ich fühle mich wie eine Anfängerin, die sich hier beweisen muss.« Ihr Gefühl trügte sie nicht, denn genau so war es.

Vor ihr kämpften auf dem Centre Court schon 40-Jährige um Ruhm und Ehre. Sie war erst 16 Jahre und 279 Tage alt. Würde sie hier gewinnen, wäre sie die jüngste Wimbledon-Siegerin des 20. Jahrhunderts. Nur Lotti Dod war mit 15 Jahren und 285 Tagen noch jünger. Aber das war 1887 gewesen, und mit 40 Jahren war man zu dieser Zeit schon eine alte Frau.

»Vielleicht habe ich diesen Titel noch nicht verdient«, zweifelte Hingis weiter. Das war auch die Meinung der anderen. Wimbledon hatte sich ihre Wunschsiegerin ausgesucht, sich gegen den geschichtsträchtigeren Sieg und für Jana Novotna entschieden, die 28-jährige Tschechin, die sich vom Pummelchen unter strenger Anleitung von Hana Mandlikova zur Top-Athletin entwickelt hatte.

Jana Novotna, die 1993 nach der Niederlage gegen Steffi Graf bei der Siegerehrung der Herzogin von Kent weinend in die Arme sank, den Trost an deren Schulter suchte und damit einen ewigen Platz in den Herzen der Tennis-Fans fand. Sie sollte hier am 5. Juli 1997 gewinnen. Dauersiegerin und Wimbledon-Liebling Steffi Graf fehlte entschuldigt, sie war verletzt.

Die junge Martina Hingis hatte noch alle Zeit der Welt. Doch an diesem Tag war Hingis die Bessere – auch wenn es im ersten Satz nicht danach aussah. Jana Novotna spielte auf ihrem Lieblingsbelag ihr Serve- und Volleyspiel. Sie wirkte gegenüber Hingis deutlich athletischer.

»Sie war überall am Netz, und ich stand unter Schock«, erzählte Hingis später. Jana Novotna ging 6:2 in Führung. Auch im zweiten Satz lag sie 2:0 vorne. Es war allerdings eine Situation, nach der sich Martina Hingis ein wenig gesehnt hatte.

Auf dem Weg ins Finale stellte sich ihr niemand in den Weg, nach zwei Sätzen war jedes Spiel vorbei. Der Rückstand gegen Jana Novotna weckte ihren Spieltrieb. Jetzt konnte sie neue Varianten testen. »Ihre Spielintelligenz unterscheidet sich von allen anderen«, sagte der Sportpsychologe Roland A. Carlstedt über Hingis' Art zu siegen. Das stellte sie in diesem Finale unter Beweis. Jana Novotna

Debütanten-Ball

Neue Namen, neue Gesichter. 1997 waren schon einige der »Stars von heute« erstmals in Wimbledon dabei – wie Venus und Serena Williams und auch die Russin Anna Kournikova. Sie kam mit langem blondem Zopf und Mini-Dress. Es gab bisher keine Frau, die die Briten derart durcheinander wirbelte. Sie hatte den Lolita-Effekt, keine Frau schwitzte erotischer, keine verlor süßer. Sie schmollte, sie trotzte, sie motzte, sie faszinierte. Und nervte die Gegnerinnen. »Sie führt sich auf wie eine Königin«, maulte die genervte Barbara Rittner. Ganz anders sah das Tommy Haas. Es war auch sein erstes Wimbledon, und er war von der blonden Schönheit hin und weg.
Doch das Debüt von Haas in London war ruhiger. Keine Plakate, keine Aufschriften und während jeder Anna kannte, wurde Tommy noch gefragt: »Are you a player?« Sein erstes Match spielte er gegen Christian Ruud und siegte 6:2, 6:1, 6:2. Schon damals war sein Traum ein Duell gegen Boris Becker. Beinahe hätte es geklappt, er hätte nur in die dritte Runde kommen müssen.

wollte im zweiten Satz einfach an den ersten anknüpfen, als Hingis heimlich die Spielregeln änderte. Die blonde Tschechin suchte vergeblich ihr Repertoire nach dem Schlüssel zu Hingis' Geheimnis ab.

Sie versuchte es mit härteren Aufschlägen, Hingis passierte. Jana Novotna stürmte ans Netz, Martina Hingis spielte einen Lob. Sie blieb hinten und ging beim Rückhand-Slice ganz tief in die Knie, um den Ball noch flacher und druckvoller übers Netz zu spielen. Hingis returnierte ihn mühelos mit ihrer beidhändigen Rückhand, erhöhte den Druck und machte den Punkt.

Novotna: »Diese Rückhand, ich dachte, ich hätte sie im Griff, aber sie wurde immer besser.« Hingis machte 18 Punkte mit ihr, Novotna keinen. Dazu kämpfte die Tschechin mit einer Bauchmuskelzerrung, die ihr zunehmend Probleme bereitete. Die Erfolgsquote ihres ersten Aufschlags sank zwischen dem ersten und dritten

Mit kraftvollen beidhändigen Schlägen setzt sich Martina Hingis gegen Jana Novotna durch.

125

Satz um ein Drittel. Die erfahrene Spielerin wirkte ratlos. Sie wechselte in ein sanfteres Spiel, nahm Druck und Tempo raus. Auch das verstand Hingis in Sekundenschnelle zu lesen.

Sie passierte Novotna 22-mal: »Wenn ich am Limit spiele, schlägt mich niemand.« Das meinte sie nicht einmal überheblich. Dennoch, ihre Freude teilte sie auf dem Centre Court vorerst nur mit ihrer Mutter und Trainerin Melanie Molitor, der ehemaligen tschechischen Ranglistenspielerin, die ihrer Tochter in Bewunderung für die Navratilova den Vornamen Martina verpasste.

Als Hingis vor Freude in die Luft hüpfte, gab es jedoch noch keine stehenden Ovationen wie bei ihrem berühmten Vorbild. Viele schauten traurig auf Jana Novotna. Die hatte aus dem Zusammenbruch vor vier Jahren gelernt und ihre Emotionen unter Kontrolle. Bei der Siegerehrung scherzte sie sogar mit Martina und lieh sich den großen Teller aus: »Meine einzige Chance, das Ding mal in der Hand zu halten.«

Martina Hingis eilte der Zukunft voraus und das, seitdem sie das Tennisspiel mit zwei Jahren lernte. Sie war immer die Jüngste. Mit vier Jahren gewann sie das Turnier der Sechsjährigen. Mit zwölf Jahren dominierte sie das Klassement der 16-Jährigen. Als 14-Jährige siegte sie in Wimbledon in der Junioren-Klasse gegen 18-Jährige. Immer war sie die Kleinste, Zarteste, aber auch die Fröhlichste.

Ihre Mutter hatte es trotz strengem und detailliertem Karriereplan geschafft, Martina auch als Kind und Tochter zu behandeln. Sie ließ ihr die Freiräume, die ein Teenager braucht: »Wir haben früher immer nur maximal neunzig Minuten pro Tag trainiert. Sie sollte nicht den Spaß verlieren.«

So sah Hingis den Tennisplatz lange Zeit nicht als Arbeitsplatz, sondern eher als einen Treffpunkt. Hier wollte sie Freundinnen finden. Das gestaltete sich allerdings schwierig, wenn man schon mit vierzehn Jahren Profi wird und die Konkurrentinnen mindestens vier Jahre älter sind. So sagte Hingis einmal über Steffi Graf: »Die ist immer gestresst und in Bewegung. Sie gewinnt schnell, duscht schnell und verschwindet schnell.«

Es tat sich erstmals im Damentennis eine Generationslücke auf,

Als jünste Siegerin geht Martina Hingis in die Annalen von Wimbledon ein.

*Lachen trotz Niederlage.
Jana Novotna hat
herzliche Glückwünsche
für Martina Hingis
zu vergeben.*

die es bisher in der Form nicht gegeben hatte. Die »Alten« wurden diese »Kleine« einfach nicht los. Schon komisch, regelmäßig von einer 16-Jährigen düpiert zu werden. Aber sie lernten sich gegenseitig zu akzeptieren und erkannten ihre Spielstärke an.

Hingis' Frage nach Wimbledon war berechtigt: »Was soll ich noch verbessern?« Zu der Zeit nichts, sie konnte nur auf neue Gegnerinnen warten und versuchen in der Zwischenzeit erwachsen zu werden.

127

Pete Sampras – Patrick Rafter 6:7 7:6 6:4 6:2

Ein Sieg für die Ewigkeit

Die Siegerehrung fand in der Abenddämmerung statt, so lange hatte das Spiel gedauert. Sampras sah mit zusammengekniffenen Augen in seiner weißen Kleidung ein wenig wie ein Engel aus. Vielleicht kam das auch in der Erinnerung so daher, weil Pete Sampras über genau diesen Moment sagte: »Es war eine religiöse Stimmung da draußen.« Und kurz zuvor bemerkte er: »Ich hatte himmlischen Beistand.«

Es war Sampras dreizehnter Grand-Slam-Sieg, und damit erlosch Roy Emersons Rekord aus dem Jahre 1967, als der Australier mit einem Dutzend die Rekordbücher anführte. Und es war Sampras sechster Triumph in Wimbledon, damit hatte er sich um einen Sieg von Björn Borgs Seite gelöst.

Für Sampras' Davis-Cup-Chef John McEnroe war es der Tag, »an dem er Zeuge wurde, wie Geschichte im Tennis geschrieben wurde«. Besser als er war bisher noch kein Tennisspieler.

Zum ersten Mal saßen auch Pete Sampras' Eltern Sam und Georgia auf der Tribüne in Wimbledon. »Sie wollten nie kommen, weil es sie so sehr aufregt. Mein Vater sagte immer, Junge, das machst du schon. Diesmal habe ich sie gebeten, dabei zu sein. Ich brauchte ihre Kraft.«

Das machte für Sampras alles noch emotionaler. Erst brüllte er seine Freude heraus. Dann stürmte er die Loge, umarmte seine Familie, warf seiner Freundin Bridgette Wilson immer wieder Hände voller Küsse zu, und die Tränen tropften ohne Vorankündigung die Wangen hinunter. So hatten sie ihn bisher nur einmal gesehen, bei

Pete Sampras auf dem Weg zu einem Vorhand-Return und zum siebten Wimbledon-Sieg in acht Jahren.

den Australian Open 1994, als er in den Minuten des Triumphes an seinen krebskranken Trainer Tim Gullikson denken musste.

Auch damals kümmerten ihn seine Tränen nicht. Damals weil er um einen Freund weinte, heute weil er sich ein Stück Unsterblichkeit erspielt hatte.

Auch wenn sich die Zeiten in Wimbledon längst geändert haben, die Stars auf den Tribünen nicht mehr die Mitglieder der königlichen Familie, sondern Hollywood-Größen wie Sean Connery und Tom Hanks sind, so bleiben die Emotionen doch immer gleich. Sie alle sind gleichermaßen ergriffen von dem Zauber des Moments und dem Respekt vor der Leistung.

Es hatte alles gepasst. Das beste Spiel zum Schluss, nämlich das der überragenden Turnierspieler der vergangenen vierzehn Tage: Pete Sampras (28) gegen Patrick Rafter (27).

Die Zahlen sind fast zu nüchtern. Hinter dem 6:7 (10:12), 7:6 (7:5), 6:4 und 6:2 verbirgt sich ein grandioser Kampf. Immer wieder presste Pete Sampras die Augen zusammen, fuhr sich mit den Händen ins Gesicht und sagte: »Es ist unbeschreiblich, die Gefühle kann ich nicht ausdrücken. Ich danke meinen Eltern, dass sie diese schwere Reise auf sich genommen haben. Sie haben mir Halt gegeben. Ich werde Wochen brauchen, um zu begreifen, was passiert ist.«

Den letzten Satz hätte auch Patrick Rafter sagen können – auch unter Tränen, aber er zeigte sie nicht, obwohl ihm zum Weinen zumute war. Es war sein erstes Wimbledon-Finale. Aber bei einem verletzungsanfälligen Spieler wie Rafter tickt manchmal die Karriere-Uhr schneller: »Ich war verdammt nah dran, mir einen Traum zu erfüllen. Aber nach all den Problemen, die ich in der letzten Zeit hatte, habe ich mir nichts vorzuwerfen.« Er konnte nicht ahnen, dass er schon im nächsten Jahr wieder im Finale stehen würde.

Zuletzt war es eine Schulteroperation. Sie war erst ein halbes Jahr her, er stieg auf Rang 52 der Weltrangliste ab. Da wächst der Traum von einem Comeback auf dem Lieblingsbelag mit Pokal-Halten und Happyend.

Vielleicht hätte er es auch geschafft, wenn nicht diese ständigen Spielunterbrechungen gewesen wären. Immer wieder Regen, bei denen die Helfer in der typischen hektischen Bestimmtheit die Plane über den Rasen zerren mussten. Statt 14 Uhr wurde um 14.30 Uhr aufgeschlagen und von da an noch weitere sechs Stunden gespielt. Die Netto-Spielzeit betrug nur zwei Stunden und 57 Minuten.

Die Maßnahmen der Athleten zum Zeitvertreib waren immer wieder die Gleichen: warm duschen, Muskeln dehnen, Imitationsübungen, Konzentrationsübungen. Positives Denken, das hat Patrick Rafter von seiner Fitnesstrainerin Ann Quinn gelernt. Die ersten beiden Spielabschnitte wurden in 26- und 9-Minuten-Stücke zerteilt.

Patrick Rafter konnte sie am Ende des Tages wieder zusammensetzen zu seiner glücklichen Zeit auf dem Court. Es waren die Minuten, die er in Führung lag.

Gleichwertig brachten beide ihr Aufschlagspiel durch. Angriffstennis auf Lehrfilm-Niveau, aggressiv und schnell: Aufschlag, Flugball, Punkt. Es stand 6:6, das erste Tiebreak wurde angezählt, wieder ging es im Gleichschritt weiter, bis Pete Sampras ein Doppelfehler unterlief.

Gestenreiche Spielkommentare. Pete Sampras (l.) und Patrick Rafter

Patrick Rafter gewann 12:10. Auch wenn Pete Sampras am Ende des Tages sagte: »Das, was passiert, ist nicht von dieser Welt.« Das Match hatte doch einen klaren irdischen Charakter ...

Bei solch Nerven zerrenden Spielen siegt erfahrungsgemäß der Routiniertere. Und das war Pete Sampras, 276 Wochen die Nummer eins, in denen man einige Erfahrung sammelt.

Im Tiebreak des zweiten Satzes führte Patrick Rafter erneut: 4:1 vor eigenem Aufschlag. Doch ihm fehlte die Kraft für drei gute Schläge. Der erste Volley landete vor ihm im Netz. Die beiden nächsten Aufschläge summierten sich zum Doppelfehler, und ein Vorhand- sowie ein Rückhand-Return fanden sich ebenso in den Maschen wieder. Sampras holte Punkt für Punkt auf und egalisierte Rafters Vorsprung. Das Spiel musste tatsächlich einen spirituellen Charakter gehabt haben. Andre Agassi sagte über Pete Sampras: »Er wirkte, als könnte er übers Wasser wandeln.«

Im dritten Satz beim Stand von 3:2 eine ähnliche Situation. Rafter macht bei eigenem Service kleine Fehler. Sampras schafft das Break, das für den Satzgewinn reicht. Es sind bisher die einzigen schwachen Phasen, die sich Rafter leistet. Doch bei einem Spiel auf höchstem Niveau reichen sie, um zu verlieren.

Im vierten Satz waren fünf Spiele ohne Aussetzer vergangen, als Pete Sampras wieder beim 3:2 das Break gelang. Der Moment, als zum ersten Mal ein Hauch von Freude aus ihm herausbrach. Er ballte beide Fäuste, wurde locker, während die Bewegungsanweisungen in Rafters Kopf nur noch im Imperativ erfolgten: Lauf! Geh! Schlag! Kämpf! Der Körper gehorchte, Rafter spielte fehlerloses Serve and Volley. Doch Sampras' Returns verdienten jedes Mal die Note eins mit Sternchen. Rafter später: »Das war sein Schlüssel zum Sieg.«

Dafür ist das Geheimnis um seine Verletzung bis heute nicht geklärt. Sampras wäre in der zweiten Runde beinahe rausgeflogen. Eine Sehne im Fuß schmerzte so sehr, dass er nur noch Serve-Tennis ohne Volleys spielen konnte. Sein Stolz zwang ihn weiter, seine Vernunft zu reduziertem Training: »Woanders hätte ich aufgegeben, in Wimbledon kommt das für mich nicht in Frage.«

Venus im Champagner-Kleid

Das Schmuckstück, das das Mädchen in der Hand hält, heißt »Venus Rosewater Dish«. Sie selbst heißt auch Venus, und als hätte sie gerade daran gedacht, presst sie im nächsten Moment die Siegestrophäe von Wimbledon an sich, als wäre sie von nun an ein Teil von ihr.
Mit Venus Williams hatte die erste schwarze Spielerin seit Althea Gibson gewonnen. Doch während Althea Gibson 1958 nach ihrem 8:6 und 6:2 brav ans Netz ging und der britischen Mrs. Mortimer die Hand schüttelte, hüpfte die zwanzig Jahre alte Venus Williams wie ein Flummi übers Gras, kletterte auf die Tribüne, umarmte

In Szene gestellt für das Familienalbum. Pete Sampras mit Siegertrophäe, Patrick Rafter mit Trostschale

Schwester Serena und Trainervater Richard. Das hatte vor ihr nur Pat Cash gewagt.
Im Halbfinale waren schon die beiden Schwestern aufeinander getroffen. Die Große hatte die Kleine geschlagen. Serena heulte und Venus sprach für sie beide: »Wir müssen unsere Gefühle einfach rauslassen.«
Die Final-Verliererin Lindsay Davenport behielt ihre nach der Niederlage von 3:6 und 6:7 erst mal für sich. Die ältere Williams-Schwester hatte ihr ein paar Rätsel aufgeben, auch mit der Aussage: »Ich wusste, dass ich siege, ich hatte mir schon mein Kleid fürs Champions-Dinner gekauft ...«

Dennoch wurde in der Umkleidekabine getuschelt, ob es diese Verletzung denn tatsächlich gibt. Rafter sagte noch vor dem Endspiel, dass er nicht recht daran glaube, dass diese Verletzung ein Vorteil für ihn sein könne: »Es gibt Gerüchte. Manchmal sieht man ihn, wie er trotz der Verletzung dem Ball nachrennt, und ich glaube, jeder fragt sich in diesem Moment. Was macht er da? Ist er jetzt verletzt oder nicht?«

Sampras selbst trug auch nicht zur Aufklärung bei, auf die Frage, was er gegen die Schmerzen gemacht hätte, antwortete er lapidar: »Ach, alles mögliche.« Selbst wenn die Schmerzen ein kleiner Bluff waren, so war es der Bluff eines Champions, einer lebenden Legende. Wahrscheinlicher ist jedoch, dass er in seiner bescheidenen Art einfach kein zu großes Aufsehen darum machen wollte.

Mit diesem Sieg erhöhte er seine Preisgeld auf 40 215 524 Dollar. Auch das ist eine Rekordsumme, die ihm ähnlich wenig bedeutet wie Patrick Rafter. Der sagte einmal: »Ich brauche kein Auto, ich habe keine teuren Hobbys. Zum Angeln brauche ich eine Rute, und am Strand genügt mir eine Badehose.«

Wenn allerdings alles so einfach wäre, dann hätten an diesem Finaltag zum Sieg ein Tennisschläger genügt.

9. Juli 2001

Goran Ivanisevic – Patrick Rafter 6:3 3:6 6:3 2:6 9:7

Ein besonderer Sieg,
der zu Tränen rührte

Wimbledon hatte ein paar Tage vor Beginn des Turniers ein Problem der besonderen Art: Es war ein Kroate, die Nr. 125 der Tennis-Weltrangliste und somit nicht für das Grand-Slam-Turnier 2001 qualifiziert. Nun hatte genau dieser Kroate mit dem hammerharten Aufschlag aber schon dreimal das Finale dieses Turniers erreicht (1992, 1994, 1998). Sollte man ihm da nicht ausnahmsweise mal eine Wild Card schenken, ihn also direkt in das 128 Spieler umfassende Hauptfeld bringen und ihm die mühselige Qualifikation ersparen? Es regte sich heftiger Widerstand. Oberschiedsrichter Alan Mills: »Wild Cards sollten für einheimische Spieler sein, um ihnen die Chance zu geben, einmal Grand-Slam-Luft zu schnuppern.« Schließlich setzten sich aber die Befürworter der Ausnahmeregelung durch. Das Problem Goran Ivanisevic war gelöst, er bekam als einziger Nicht-Brite eine Wild Card.

Etwa zwei Wochen später die Siegerehrung beim Wimbledon-Finale. Der Champion 2001 begann seines Rede mit den Worten: »Vielen Dank an den Gastgeber, dass ich eine Wild Card bekommen habe. Sonst würde ich heute nicht hier stehen.« Dieser Problemfall Goran Ivanisevic hatte tatsächlich Wimbledon gewonnen. Viele Experten verglichen den Siegeszug mit der Leistung Boris Beckers 1985.

Nach seinem Erstrunden-Sieg gegen den Schweden Fredrik Jonsson (6:4, 6:4, 6:4) sagte Goran noch: »Ich möchte mich nur vernünftig aus Wimbledon verabschieden.« Die Wettquote auf sei-

Er hat's geschafft, sich den Traum zu erfüllen. Goran Ivanisevic ist Wimbledon-Sieger 2001.

nen Turniersieg stand da bei 100:1. Der Kroate hatte seinen Rück-flug ursprünglich für den Termin seines Zweitrundenspiels ge-bucht. Da musste er allerdings Tennis spielen: 6:7, 6:3, 6:4, 6:4 ge-gen den Spanier Carlos Moya.

Dann wartete der Amerikaner Andy Roddick – von Pete Sampras als die »Zukunft des Tennis« auserkoren. Ivanisevic interessierte nur die Gegenwart, und so gewann er mit 7:6, 7:5, 3:6 und 6:3. Im Ach-telfinale knöpfte er sich den ersten Briten vor: Sein 7:6-, 6:4- und 6:4-Erfolg gegen den Aufschlag-Weltrekordler Greg Rusedski (Höchstgeschwindigkeit: 239,7 km/h) beeindruckte die Fans. Sein Viertelfinalgegner war der US-Open-Champion Marat Safin, was Ivanisevic ebenfalls unbeeindruckt ließ. Und nach dem 7:6-, 7:5-, 3:6- und 7:6-Erfolg stand er auf einmal überraschend im Halbfinale.

Sein größtes Problem vor dem Duell mit dem englischen Lieb-ling Tim Henman war seine linke Schlagschulter. Ivanisevic: »Sie müsste eigentlich operiert werden. Aber ich mache hier so lange weiter, bis sie abfällt. Mit Schmerzmitteln funktioniert das schon irgendwie.« Außerdem gibt es in Wimbledon ja noch den Regen, der einem ab und zu eine willkommene Pause schenkt.

Ivanisevic gegen Henman, ein Drei-Tage-Marathon, wie ihn das Traditionsturnier selten gesehen hat: Auftakt war an einem Freitag, 130 Minuten lang, Abbruch beim Stand von 7:5, 6:7, 0:6, 1:2 aus Gorans Sicht. Ivanisevic: »Gott hat mir die Wild Card geschenkt, und er hat mir den Regen gesandt, wenn ich ihn brauchte.« Fort-setzung am Samstag, diesmal nur 54 Minuten lang, Abbruch beim Stand von 7:5, 6:7, 0:6, 7:6 und 3:2 aus Gorans Sicht. Und dann am Sonntag noch mal 16 Minuten – bis der 6:3-Erfolg von Ivanise-vic im fünften Satz feststand.

Damit musste zum ersten Mal seit 1988 (damals verlor Becker gegen Edberg) ein Herren-Finale an einem Montag ausgetragen werden: Goran Ivanisevic (29 Jahre/Kroatien) gegen Patrick Rafter (28 Jahre/Australien), der im Halbfinale den Steffi-Graf-Freund Andre Agassi in fünf Sätzen besiegt hatte.

Die Stimmung auf dem Centre Court war einzigartig und er-innerte mehr an ein Rock-Konzert als an ein Tennismatch. Denn es

Ein Nobody beendet Sampras' Rekordversuch

Die ehrwürdige Tageszei-tung The Times über-schlug sich förmlich: »Streichen Sie sich diesen Tag in Ihrem Kalender an! Der 2. Juli 2001 ist der Tag, an dem sich in Wim-bledon alles änderte.« Was war passiert? Sollte nach Fred Perry 1936 endlich wieder ein Brite gewonnen haben? Nein, der Amerikaner Pete Sampras hatte im Achtel-finale verloren: 6:7, 7:5, 4:6, 7:6, 5:7 gegen den Schweizer Roger Federer. Für den 19-Jährigen war es das erste Match auf dem Centre Court. Sampras hatte 1993, 1994, 1995, 1997, 1998, 1999 und 2000 dieses Turnier gewonnen (1996 war er gegen den späte-ren Sieger Richard Kraji-cek aus Holland im Vier-telfinale rausgeflogen). Von seinen letzten 57 Wimbledon-Matches

Goran Ivanisevic schlägt zurück. An seinem schlechten Weltrang-listenplatz 125 hat er sich jedenfalls nicht orientiert.

hatte er 56 gewonnen. Sampras wollte 2001 den Rekord von Björn Borg einstellen, der in Wimbledon fünfmal hintereinander gewonnen hatte. Er tat es nicht. »Nichts hält ewig«, erklärte Sampras trocken. Aber jeder spürte, wie ihn diese Niederlage beschäftigte. Trotzig fügte er an: »Ich beherrsche das Spiel noch immer. Ich habe nicht das Gefühl, etwas verlernt zu haben.« Das sah die Tenniswelt nach dieser Niederlage etwas anders. Die englische Zeitung *The Mirror* schrieb: »Der Beweis ist erbracht, dass die Ära der Sampras-Dominanz der Vergangenheit zuzuordnen ist.« Der Sampras-Bezwinger aus der Schweiz verlor gleich sein nächstes Match glatt in drei Sätzen gegen den Briten Tim Henman.

gab ja keine Ticket-Reservierungen für diesen Montag. Also wurden 10 000 Karten erst morgens für vierzig Pfund pro Platz verkauft – dafür hatten die echten Fans die Nacht vor den Kassenhäuschen verbracht. Das Warten sollte sich lohnen.

Ivanisevic erwischte einen Traumstart: schnelle 3:0-Führung, 6:3 im ersten Satz. Im zweiten Satz lief es genau umgekehrt: 3:0-Führung für Rafter und Satzgewinn mit 6:3. Alles war wieder offen. Aber wie lange würde Gorans Schulter halten? Im dritten Satz, bei einer 2:1-Führung, ließ sich der Kroate erstmals auf dem Platz den linken Arm vom Physiotherapeuten durchkneten. Aber die Angst bei seinen Fans erwies sich als unbegründet. Ivanisevic schaffte das Break zum 4:2, die Entscheidung auf dem Weg zum 6:3.

Die Dramatik spitzte sich zu – und entlud sich im vierten Satz in einem Wutausbruch! Goran lag 2:3 hinten und hatte einen Breakball gegen sich. Erster Aufschlag, Fußfehler! Da kochte er schon innerlich. Zweiter Aufschlag, Rafter kam nicht heran, Ivanisevic jubelte schon – da ertönte plötzlich der »Out-Ruf« des Linienrichters. Ivanisevic schleuderte seinen Schläger weg, trat mit seinem lin-

ken Fuß gegen die Netzkante und brüllte sich den Frust von der Seele. Er verlor seinen Rhythmus, musste sogar noch ein zweites Break hinnehmen und gab den Satz mit 2:6 ab.

Jetzt sollte der fünfte Satz entscheiden – und da, so will es die Regel, gibt es kein Tiebreak, sondern einen Kampf bis zum bitteren Ende ...

Vierzehn Spiele lang erarbeitete sich keiner auch nur einen einzigen Breakball. Knallharte Aufschläge von Ivanisevic, perfekte Volleys von Rafter – da war für den jeweils Returnierenden nicht viel zu holen – bis zum Stand von 7:7. Aufschlag Rafter, 15:40. Und Ivanisevic donnerte dem Australier doch tatsächlich noch einen Vorhand-Return ins Feld. Das Break zum 8:7 – jetzt konnte der Kroate nur noch an seinen Nerven scheitern. Und danach sah es aus: Erster Matchball – ein Doppelfehler. Zweiter Matchball – wieder ein Doppelfehler. Dritter Matchball – jetzt kam auch noch ein traumhafter Rückhand-Lob von Rafter. Bekam Ivanisevic jetzt doch noch das Zitterhändchen so kurz vor seinem herbeigesehnten Triumph?

Beim vierten Matchball wurde er endlich von Rafter erlöst, denn dessen Rückhand-Return wickelte sich ins Netz. 6:3, 3:6, 6:3, 2:6 und 9:7 nach drei Stunden und zwei Minuten. Ivanisevic am Ziel und 1,6 Millionen Mark reicher. Vor Glück warf er sich auf den Boden und weinte hemmungslos. Er kletterte die Tribüne hoch zur Loge und versank in den Armen seines Vater. Bei der Siegerehrung blickte er schluchzend gen Himmel: »Ich widme diesen Sieg meinem Freund Drazen Petrovic, der 1993 bei einem Autounfall ums Leben kam. Wenn du mich jetzt von da oben sehen kannst, dieser Pott ist für dich ...«

Triumph, Tränen und Rekorde – das war Wimbledon mit Goran Ivanisevic. 213 Asse hatte noch keiner bei einem Grand-Slam-Turnier geschlagen. Mit einer derart schlechten Weltranglisten-Position (Nr. 125) hatte auch noch niemand in Wimbledon gewonnen. Und natürlich war der Kroate auch der erste Wild-Card-Spieler, der ein Grand-Slam-Turnier gewonnen hat.

Gorans Sieg. Triumph und Tränen und Rekorde – Wimbledon mit Goran Ivanisevic

Endspielpaarungen
Herren-Einzel in Wimbledon

2001	Ivanisevic – Rafter	6:3 3:6 6:3 2:6 9:7	**1966**	Santana – Ralston	6:4 11:9 6:4
2000	Sampras – Rafter	6:7 7:6 6:4 6:2	**1965**	Emerson – Stolle	6:2 6:4 6:4
1999	Sampras – Agassi	6:3 6:4 7:5	**1964**	Emerson – Stolle	6:4 12:10 4:6 6:3
1998	Sampras – Ivanisevic	6:7 7:6 6:4 3:6 6:2	**1963**	McKinley – Stolle	9:7 6:1 6:4
1997	Sampras – Pioline	6:4 6:2 6:4	**1962**	Laver – Mulligan	6:2 6:2 6:1
1996	Krajicek – Washington	6:3 6:4 6:3	**1961**	Laver – McKinley	6:3 6:1 6:4
1995	Sampras – Becker	6:7 6:2 6:4 6:2	**1960**	Fraser – Laver	6:4 3:6 9:7 7:5
1994	Sampras – Ivanisevic	7:6 7:6 6:0	**1959**	Olmedo – Laver	6:4 6:3 6:4
1993	Sampras – Courier	7:6 7:6 3:6 6:3	**1958**	Cooper – Fraser	3:6 6:3 6:4 13:11
1992	Agassi – Ivanisevic	6:7 6:4 6:4 1:6 6:4	**1957**	Hoad – Cooper	6:2 6:1 6:2
1991	Stich – Becker	6:4 7:6 6:4	**1956**	Hoad – Rosewall	6:2 4:6 7:5 6:4
1990	Edberg – Becker	6:2 6:2 3:6 3:6 6:4	**1955**	Trabert – Nielsen	6:3 7:5 6:1
1989	Becker – Edberg	6:0 7:6 6:4	**1954**	Drobny – Rosewall	13:11 4:6 6:2 9:7
1988	Edberg – Becker	4:6 7:6 6:4 6:2	**1953**	Seixas – Nielsen	9:7 6:3 6:4
1987	Cash – Lendl	7:6 6:2 7:5	**1952**	Sedgman – Drobny	4:6 6:2 6:3 6:2
1986	Becker – Lendl	6:4 6:3 7:5	**1951**	Savitt – McGregor	6:4 6:4 6:4
1985	Becker – Curren	6:3 6:7 7:6 6:4	**1950**	Patty – Sedgman	6:1 8:10 6:2 6:3
1984	McEnroe – Connors	6:1 6:1 6:2	**1949**	Schroeder – Drobny	3:6 6:0 6:3 4:6 6:4
1983	McEnroe – Lewis	6:2 6:2 6:2	**1948**	Falkenburg – Bromwich	7:5 0:6 6:2 3:6 7:5
1982	Connors – McEnroe	3:6 6:3 6:7 7:6 6:4	**1947**	Kramer – Brown	6:1 6:3 6:2
1981	McEnroe –Borg	4:6 7:6 7:6 6:4	**1946**	Petra – Brown	6:2 6:4 7:9 5:7 6:4
1980	Borg – McEnroe	1:6 7:5 6:3 6:7 8:6	**1940 – 45**	nicht ausgetragen	
1979	Borg – Tanner	6:7 6:1 3:6 6:3 6:4	**1939**	Riggs – Cooke	7:6 8:6 3:6 6:2 6:3
1978	Borg – Connors	6:2 6:2 6:3	**1938**	Budge – Austin	6:1 6:0 6:3
1977	Borg – Connors	3:6 6:2 6:1 5:7 6:4	**1937**	Budge – von Cramm	6:3 6:4 6:2
1976	Borg – Nastase	6:4 6:2 9:7	**1936**	Perry – von Cramm	6:1 6:1 6:0
1975	Ashe – Connors	6:1 6:1 5:7 6:4	**1935**	Perry – von Cramm	6:2 6:4 6:4
1974	Connors – Rosewall	6:1 6:1 6:4	**1934**	Perry – Crawford	6:3 6:0 7:5
1973	Kodes – Metreveli	6:1 9:8 6:3	**1933**	Crawford – Vines	4:6 11:9 6:2 2:6 6:4
1972	Smith – Nastase	4:6 6:3 6:3 4:6 7:5	**1932**	Vines – Austin	6:4 6:2 6:0
1971	Newcombe – Smith	6:3 5:7 2:6 6:4 6:4	**1931**	Wood – Shields	nicht angetreten
1970	Newcombe – Rosewall	5:7 6:3 6:3 3:6 6:1	**1930**	Tilden – Allison	6:3 9:7 6:4
1969	Laver – Newcombe	6:4 5:7 6:4 6:4	**1929**	Cochet – Borotra	6:4 6:3 6:4
1968	Laver – Roche	6:3 6:4 6:2	**1928**	Lacoste – Cochet	6:1 4:6 6:4 6:2
1967	Newcombe – Bungert	6:3 6:1 6:1	**1927**	Cochet – Borotra	4:6 4:6 6:3 6:4 7:5

1926	Borotra – Kinsey	8:6 6:1 6:3
1925	Lacoste – Borotra	6:3 6:3 4:6 8:6
1924	Borotra – Lacoste	6:1 3:6 6:1 3:6 6:4
1923	Johnston – Hunter	6:0 6:3 6:1
1922	Patterson – Lycett	6:3 6:4 6:2
1921	Tilden – Norton	4:6 2:6 6:1 6:0 7:5
1920	Tilden – Patterson	2:6 6:3 6:2 6:4
1919	Patterson – Brookes	6:3 7:5 6:2
1915 – 18	nicht ausgetragen	
1914	Brookes – Wilding	6:4 6:4 7:5
1913	Wilding – McLoughlin	8:6 6:3 10:8
1912	Wilding – Gore	6:4 6:4 4:6 6:4
1911	Wilding – Barrett	6:4 4:6 2:6 6:2 (aufg.)
1910	Wilding – Gore	6:4 7:5 4:6 6:2
1909	Gore – Ritchie	6:8 1:6 6:2 6:2 6:2
1908	Gore – Barrett	6:3 6:2 4:6 3:6:3
1907	Brookes – Gore	6:4 6:2 6:7
1906	Doherty – Riseley	6:4 4:6 6:2 6:3
1905	Doherty – Brookes	8:6 6:2 6:4
1904	Doherty – Riseley	6:1 7:5 8:6
1903	Doherty – Riseley	7:5 6:3 6:0
1902	Doherty – Gore	6:4 6:3 3:6 6:0
1901	Gore – Doherty	4:6 7:5 6:4 6:4
1900	Doherty – Smith	6:8 6:3 6:1 6:2
1899	Doherty – Gore	1:6 4:6 6:2 6:3 6:3
1898	Doherty – Doherty	6:3 6:3 2:6 5:7 6:1
1897	Doherty – Mahoney	6:4 6:4 6:3
1896	Mahoney – Baddeley	6:2 6:8 5:7 8:6 6:3
1895	Baddeley – Eaves	4:6 2:6 8:6 6:2 6:3
1894	Pim – Baddeley	10:8 6:2 8:6
1883	Pim – Baddeley	3:6 6:1 6:3 6:2
1892	Baddeley – Pim	4:6 6:3 6:3 6:2
1891	Baddeley – Pim	6:4 7:6 7:5 6:0
1890	Hamilton – Renshaw	6:8 6:2 3:6 6:1 6:1
1889	Renshaw – Renshaw	6:4 6:1 3:6 6:0
1888	Renshaw – Lawford	6:3 7:5 6:0
1887	Lawford – Renshaw	1:6 6:3 3:6 6:4 6:4
1886	Renshaw – Lawford	6:0 5:7 6:3 6:4
1885	Renshaw – Lawford	7:5 6:2 4:6 7:5
1884	Renshaw – Lawford	6:0 6:4 9:7
1883	Renshaw – Renshaw	2:6 6:3 6:3 4:6 6:3
1882	Renshaw – Renshaw	6:1 2:6 4:6 6:2 6:2
1881	Renshaw – Hartley	6:0 6:2 6:1
1880	Hartley – Lawford	6:0 6:2 2:6 6:3
1879	Hartley – Goold	6:2 6:4 6:2
1878	Hadow – Gore	7:5 6:1 9:7
1877	Gore – Marshall	6:1 6:2 6:4

Endspielpaarungen
Damen-Einzel in Wimbledon

2001	Williams − Henin	6:1 3:6 6:0
2000	Williams − Davenport	6:3 7:6
1999	Davenport − Graf	6:4 7:5
1998	Novotna − Tauziat	6:4 7:6
1997	Hingis − Novotna	2:6 6:3 6:3
1996	Graf − Sanchez Vicario	6:3 7:5
1995	Graf − Sanchez Vicario	4:6 6:1 7:5
1994	Martinez − Navratilova	6:4 3:6 6:3
1993	Graf − Novotna	7:6 1:6 6:4
1992	Graf − Seles	6:2 6:1
1991	Graf − Sabatini	6:4 3:6 8:6
1990	Navratilova − Garrison	6:4 6:1
1989	Graf − Navratilova	6:2 6:7 6:1
1988	Graf − Navratilova	5:7 6:2 6:1
1987	Navratilova − Graf	7:5 6:3
1986	Navratilova − Mandlikova	7:6 6:3
1985	Navratilova − Lloyd	4:6 6:3 6:2
1984	Navratilova − Lloyd	7:6 6:2
1983	Navratilova − Jaeger	6:0 6:3
1982	Navratilova − Lloyd	6:1 3:6 6:2
1981	Lloyd − Mandlikova	6:2 6:2
1980	Cawley − Lloyd	6:1 7:6
1979	Navratilova − Lloyd	6:4 6:4
1978	Navratilova − Evert	2:6 6:4 7:5
1977	Wade − Stove	4:6 6:3 6:1
1976	Evert − Cawley	6:3 4:6 8:6
1975	King − Cawley	6:0 6:1
1974	Evert − Morozova	6:0 6:4
1973	King − Evert	6:0 7:5
1972	King − Goolagong	6:3 6:3
1971	Goolagong − Court	6:4 6:1
1970	Court − King	14:12 11:9
1969	Jones − King	3:6 6:3 6:2
1968	King − Tegart	9:7 7:5
1967	King − Jones	6:3 6:4
1966	King − Bueno	6:3 3:6 6:1
1965	Smith − Bueno	6:4 7:5
1964	Bueno − Smith	6:4 7:9 6:3
1963	Smith − Moffitt	6:3 6:4
1962	Susman − Sukova	6:4 6:4
1961	Mortimer − Truman	4:6 6:4 7:5
1960	Bueno − Reynolds	8:6 6:0
1959	Bueno − Hard	6:4 6:3
1958	Gibson − Mortimer	8:6 6:2
1957	Gibson − Hard	6:3 6:2
1956	Fry − Buxton	6:3 6:1
1955	Brough − Fleitz	7:5 8:6
1954	Connolly − Brough	6:2 7:5
1953	Connolly − Hart	8:6 7:5
1952	Connolly − Brough	7:5 6:3
1951	Hart − Fry	6:1 6:0
1950	Brough − du Pont	6:1 3:6 6:1
1949	Brough − du Pont	10:8 1:6 10:8
1948	Brough − Hart	6:3 8:6
1947	Osborne − Hart	6:2 6:4
1946	Betz − Brough	6:2 6:4
1940 − 45	nicht ausgetragen	
1939	Marble − Stammers	6:2 6:0
1938	Moody − Jacobs	6:4 6:0
1937	Round − Jedrzejowska	6:2 2:6 7:5
1936	Jacobs − Sperling	6:24:6 7:5
1935	Moody − Jacobs	6:3 3:6 7:5
1934	Round − Jacobs	6:2 5:7 6:3
1933	Moody − Round	6:4 6:8 6:3
1932	Moody − Jacobs	6:3 6:1
1931	Aussem − Krahwinkel	6:2 7:5
1930	Moody − Ryan	6:2 6:2
1929	Wills − Jacobs	6:1 6:2
1928	Wills − de Alvarez	6:2 6:3
1927	Wills − de Alvarez	6:2 6:4

1926	Godfree — de Alvarez	6:2 4:6 6:3
1925	Lenglen — Fry	6:2 6:0
1924	McKane — Wills	4:6 6:4 6:4
1923	Lenglen — McKane	6:2 6:2
1922	Lenglen — Mallory	6:2 6:0
1921	Lenglen — Ryan	6:2 6:0
1920	Lenglen — Chambers	6:3 6:0
1919	Lenglen — Chambers	10:8 4:6 9:7
1915 – 18	nicht augetragen	
1914	Chambers — Larcombe	7:5 6:4
1913	Chambers — McNair	6:0 6:4
1912	Larcombe — Sterry	6:3 6:1
1911	Chambers — Boothby	6:0 6:0
1910	Chambers — Boothby	6:2 6:2
1909	Boothby — Morton	6:4 4:6 8:6
1908	Sterry — Morton	6:4 6:4
1907	Sutton — Chambers	6:1 6:4
1906	Douglass — Sutton	6:3 9:7
1905	Sutton — Douglass	6:3 6:4
1904	Douglass — Sterry	6:0 6:3

1903	Douglass — Thomson	4:6 6:4 6:2
1902	Robb — Sterry	7:5 6:1
1901	Sterry — Hillyard	6:2 6:2
1900	Hillyard — Cooper	5:7 7:5 6:2
1899	Hillyard — Cooper	6:2 6:3
1898	Cooper — Martin	6:4 6:4
1897	Hillyard — Cooper	5:7 7:5 6:2
1896	Cooper — Pickering	6:2 6:3
1895	Cooper — Jackson	7:5 8:6
1894	Hillyard — Austin	6:1 6:1
1893	Dod — Hillyard	6:8 6:1 6:4
1892	Dod — Hillyard	6:1 6:1
1891	Dod — Hillyard	6:2 6:1
1890	Rice — Jacks	6:4 6:1
1889	Hillyard — Rice	4:6 8:6 6:4
1888	Dod — Hillyard	6:3 6:3
1887	Dod — Bingley	6:2 6:0
1886	Bingley — Watson	6:3 6:3
1885	Watson — Bingley	6:1 7:5
1884	Watson — Watson	8:8 6:3 6:3

Register